中国证券分析师丛书

荀玉根讲策略

少即是多

荀玉根 著

机械工业出版社
CHINA MACHINE PRESS

图书在版编目（CIP）数据

荀玉根讲策略：少即是多/荀玉根著. --北京：机械工业出版社，2021.9（2024.11 重印）

（中国证券分析师丛书）
ISBN 978-7-111-69133-4

I. ① 荀… II. ① 荀… III. ① 股票投资 – 研究 – 中国 IV. ① F832.51

中国版本图书馆CIP数据核字（2021）第183243号

荀玉根讲策略：少即是多

出版发行：机械工业出版社（北京市西城区百万庄大街22号　邮政编码：100037）
责任编辑：顾　煦　李　昭　　　　　　　责任校对：殷　虹
印　　刷：北京虎彩文化传播有限公司　　版　　次：2024年11月第1版第5次印刷
开　　本：170mm×230mm　1/16　　　　　印　　张：17.75
书　　号：ISBN 978-7-111-69133-4　　　　定　　价：89.00 元

客服电话：（010）88361066　68326294

版权所有 · 侵权必究
封底无防伪标均为盗版

| 推荐序 |

改革开放以来，我国资本市场发展取得了巨大成就。从1990年沪深交易所开市至今，股权分置改革、多层次资本市场建设、注册制改革等一系列重大的改革举措相继实施，中国证券市场从无到有、从小到大、从弱到强，制度一步步完善，机制一步步健全，实现了自身的跨越式发展，为改革开放做出了巨大贡献，为服务经济高质量发展发挥了重要作用。

2021年是建党100周年、"十四五"开局之年，也是"两个一百年"奋斗目标交汇与转换之年，我国正着力构建以国内大循环为主体、国内国际双循环相互促进的新发展格局。打赢关键核心技术攻坚战、"碳达峰、碳中和"等重大战略决策，将对我国经济社会发展产生意义重大而深远的影响，资本市场在落实国家战略、服务实体经济方面大有可为。

在此背景下，我国资本市场全面深化改革，在高质量发展的道路上砥砺前行：股权融资、直接融资比重不断加大；经济结构加速转型，以新能源汽车、半导体、医药为代表的新兴行业方兴未艾；随着居民财富管理需求迅猛增长，我国经济比较优势不断凸显，A股机构化和国际化趋势愈加显著。本书以理解市场为起点，从宏观趋势、资产配置、企业盈利、产业演变、市场特征等多个角度分析股市的特性和内在规律，是一本全方位分析中国资本市场的佳作。

我在金融行业工作了数十年，和荀玉根博士共事了近八年，对他比较了解。我见过很多研究员，优秀的很多，但像荀玉根这样有战略思维、对未来市场发展有洞察力的为数不多。我认为，这源于他深厚的金融理论知识，以及理论与实践相结合的思维方式。荀玉根博士将自己多年来的研究经验在本书中倾囊相授，用通俗的语言和丰富的数据阐释缜密的逻辑，将 A 股市场运行的规律抽丝剥茧，策略研究的奥秘跃然纸上。我相信，读此书一定会帮助大家更好地把握规律、洞见趋势、透过现象看本质，我很乐意把本书推荐给大家。

是为序。

瞿秋平

海通证券股份有限公司总经理

2021 年 7 月

| 自序　管理欲望 |

2020年即将过去，一场百年一遇的新冠肺炎疫情让人与人之间的距离拉大了，社交场所都要保持一定的间距，但热热闹闹的股市却让我与亲友们的距离拉近了，当然大多是线上交流。

2019年初开始的牛市在2020年进一步发酵，居民参与股市的热情被点燃，偏股型公募基金新发规模达2万亿元，一年新发规模相当于历史存量的62%。随着行情的升温，亲友们与我交流的频率变高了，甚至几年不联系的同学也重新取得了联系。这些都是金融圈外的普通人，交流中我感受到他们对股市的认知有些偏差。有的认知偏差，在金融从业人员尤其是新入行的同行中也存在，最典型的是以下两个认知陷阱。

陷阱一：高估自己、低估市场。股市投资看起来门槛低，实际上是一件非常专业的事情。开车前需要考驾照，先考交规，再小路考、大路考，拿到驾照后甚至还要请老司机陪同练习一段时间，才敢独自上路。而股市的初试者往往直接"开车上路"，没考虑自己是否学会了驾驶，这是初试者无知无畏地高估自己、低估市场。还有一种常常发生在投资老手身上的高估自己、低估市场，就是主动选择高难度的动作。股市投资中有"白马""黑马"的通俗说法，白马好比通往终点的康庄大道，路程长、耗时多；黑马好比通往终点的近路，耗时短，但崎岖不平。追求挖掘黑马就是主动选择高难度动作，实际上背后隐藏着很多风险，效果未必好。

陷阱二：高估短期、低估长期。股票市场给普通大众的印象往往是价格涨跌非常快，低风险偏好者担心下跌不敢入市，高风险偏好者看到的是股市巨大的上涨诱惑，入市者大多抱着挣快钱的想法，然而结果差强人意，A股素有"七亏两平一赚"的散户魔咒，即十个散户中七个亏钱，两个打平，赚钱的只有一个。实际上，沪深300指数2002年至2020年底年化涨幅7.5%，累计涨幅290%，万得全A指数1995年至2020年底年化涨幅11.7%，累计涨幅1570%，长期看A股的表现并不差。追求短期爆发力的交易型操作的累计收益，最终不如着眼长期的配置型投资的累计收益。专业投资者领域同样存在一年翻倍者众、三年翻倍者寥寥的现象。

这些认知陷阱的根源是内心的欲望过大，超过正常的能力范围。从业14年，我慢慢体会到，资产管理行业的本质是管理欲望。首先，建立研究体系和框架是一个选择和放弃的过程，影响市场的变量太多了，各类学派也很庞杂，关键是要找到被历史验证过、自己能掌握的框架。这就好比在武当、少林、峨眉中选一个适合自己的门派。其次，坚守自己的框架，相信正期望值的长期威力，动作不变形，不轻易受市场波动的影响。比如，成长型投资风格、价值型投资风格本身都是投资方法论，没有优劣之分，最怕既要、又要、还要、不停要，不知道自己为什么挣钱、挣什么钱。最后，对投资收益有合理的预期，放弃过高的欲望。放眼全球，十年以上20%的复合回报已经是非常卓越的成绩了，要学会巴菲特说的慢慢变富。

本书副书名"少即是多"表达了我对股市投研的感悟，即KISS

（keep it simple & stupid）原则，化繁为简就是管理欲望。投资原本简单纯粹，就是根据自己的投资哲学和理念，构建投资策略和风险管理体系，并通过学习不断精进体系，做能力圈内的投资，进退有序，从容面对市场。本书分 6 章，第 1 章是总论，概况性介绍策略研究的框架体系，第 2～5 章分别从资金流向、企业盈利、产业趋势、市场特征方面介绍策略研究各个领域的研究方法及要点，第 6 章是与投资者交流时的思考。

虽然本书的作者是我，但研究的体会和收获源于一起工作的领导和同事、深入交流的客户和朋友。第一次获得新财富最佳分析师评选冠军时，我在感谢词里写道：每一位优秀卖方分析师收获的鲜花背后都有无数个买方投资者的浇灌，分析师和投资者在交流互动中相生相长、携手共进。我带领的研究团队成员对本书的贡献更是毋庸置疑，尤其是郑子勋、李影、吴信坤等，我们一起探讨了很多想法。而我作为本书的署名作者，是另外一层含义的少即是多。

2020 年冬书于上海

| 目 录 |

推荐序
自序　管理欲望

第1章　知轻重，懂取舍 / 1
　　　　认识市场，认识自己 / 1
　　　　辨识宏观，尊重趋势 / 5
　　　　深耕产业，长久之计 / 9
　　　　恪守纪律，知行合一 / 13

第2章　理顺资金流向 / 16
　　　　长视角看，大类资产中股票最优 / 16
　　　　美林投资时钟的改进 / 25
　　　　水从何来：股市资金面分析框架 / 40
　　　　资金端分析一：居民资金 / 50
　　　　资金端分析二：公募基金 / 55
　　　　资金端分析三：保险类资金 / 60

资金端分析四：境外资金 / 68

第3章　研判盈利趋势 / 75

"盈"在起点：企业盈利分析框架 / 75

ROE 决胜负简单有效 / 88

美日历史：转型期宏微观基本面分化 / 96

新时代的中国：宏观平、微观上 / 104

符合转型方向的赛道业绩更优 / 113

从世界 500 强名单看中国企业崛起 / 121

龙头业绩更强的特征显现 / 131

第4章　把脉产业演变 / 147

寻找长坡：行业比较分析框架 / 147

产业更替：十年一变 / 155

科技行业投资时钟：借鉴美国 / 166

A 股科技的回顾和展望 / 176

中国智造：智勇兼备，造就未来 / 184

消费的品牌化和服务化 / 192

第5章　剖析市场特征 / 201

A 股市场特征概览 / 201

股市像个大钟摆：A 股波动分析 / 210

哪类资金在股市更易胜出 / 218

择时策略的有效性分析 / 223

牛市有三个阶段 / 227

A 股的日历效应 / 233

第6章 行无疆，勤思量 / 245

桥归桥，路归路：韩国路演随想 / 245

投资收益是认知的变现：中国港澳路演随想 / 249

余生很长，愿你我都不慌张：中东路演随想 / 252

外资在做选择题：中国台湾路演随想 / 255

你相信什么就会看见什么：北欧及韩国路演随想 / 258

勤奋终有好运：新加坡路演随想 / 262

别人家的孩子：美国路演随想 / 265

让脚步等待灵魂：欧洲路演随想 / 267

后记 成为更好的自己 / 272

| 第1章 |

知轻重，懂取舍

本章先概况性介绍研究心得和研究框架，更详细的研究方法及内容，后续章节会逐一展开。证券投资看起来门槛很低，实际上是一件非常专业的事情，需要做很多的基础准备，包括对市场的正确认识、研究的基本功等。入行14年，我对证券研究的认识大致分为两个阶段：第一个阶段追求"大而整"，讲究框架的庞大、指标的精细，就好比一个好武青年刚进入武林，每一派的武学都想学，似乎把所有的派系都学遍了之后就能打遍天下无敌手。第二个阶段慢慢"懂取舍"，随着对市场认识的深入，理解了市场的不完全可知和人的有限理性，发现没有任何一门武学能够包打天下，任何框架都有优和劣，关键是找一个适合自己的框架，不断地精进，做好自己能力圈内的事，做到知轻重，懂取舍。

认识市场，认识自己

经常有人问我，分析师是做什么的？我也会经常思考，分析师到底是怎样的职业。有时分析师看起来像诸葛亮，运筹于帷幄之中，决胜于千里之外，特别是自己对市场的分析判断对了之后，感觉就是这样。有时又觉得分析师就是个算命先生，尤其是市场的走势与自己的预测大相径庭时，心里会有很大落差。对于一个开了10年车的司机或者干了10年汽车修理的师傅，我们都尊称"老司机"，其技术已经很娴熟了，一般不会出大错，但是在证券行业工作10年，哪怕20年，仍然可能犯错，而且可能犯大错。这其实并不是个人水平的问题，而是因为金融市场本身比较复杂。

市场是不完全可知的

20世纪最伟大的经济学家之一哈耶克在1974年获得诺贝尔经济学奖时，就发言指出"市场是十分复杂的，取决于众多个体行为，结果的过程可能有许多情况，几乎不可能全部充分了解和计算"。股价长期由公司的基本面决定，但短期影响市场的变量太多了，股价和基本面可能出现明显偏差，而且这个"短期"可能并不短。我们经常把股价和基本面比喻成狗和主人，主人遛狗时，狗围着主人前后转悠，拉长时间看，狗和主人的方向一致，但短期会偏离，如果绳子比较长，这种偏离就会很大。

影响市场的变量很多，我们只能尽力分析，但很难穷尽。股市里经常出现"一致预期"的说法，其实这是一个非常模糊的词，我们不可能把所有投资者的观点都调查清楚，然后总结出一个相对集中的观点。关于信息的不充分，射手假说能给我们一些启示。射手假说讲的是，一个神枪手对一个靶子每隔十厘米打一枪，很多枪之后，设想这个靶子的平面上生活着一种二维生物，比如我们近似地理解为蚂蚁，蚂蚁中的哲学家通过观察发现一个伟大的定律：它们的宇宙每隔十厘米有一个黑洞。这在我们人类看来很可笑，四维、五维或更高维的智能生物看人类总结的一些真理时，是否也会有类似的感受呢？物理学现在最前沿的是弦理论，弦理论提出这个世界有十一维，而我们现在观察到的只是三维，这个世界有95%的暗物质，我们根本观察不到。

人是有限理性的

经济学是社会科学,与自然科学不同。自然科学研究物的行为和规律,数学由公式推导可以得出定理,物理、化学通过在实验室里做实验可以得出理论。而社会科学研究人的行为,则是通过对社会现象做归纳总结,提炼出一些理论。从1776年亚当·斯密出版《国富论》开始,经济学才成为一门社会科学,到现在也不过才240多年。经济学的理性人假设是一个理想状态,现实中人是有限理性的。

我们可以通过下面两张图验证人的有限理性。观察图1-1,我相信读者的第一感观是,离我们近的这条浅色线更短,实际上两条浅色线一样长,错觉源于背景图的干扰。我们再来看图1-2,如果你看到其中一个盘子正面朝上,那么所有盘子都正面朝上。反之,如果你看到一个盘子反面朝上,那么所有盘子都反面朝上。眼见为实,我们以为看到了,就知道真相了,其实未必。从视觉系统传输到认知系统,信息可能被扭曲,即便完全传输,由于每个人的认知体系不同,对同一个信息的理解也会不同。我们经常看到一个政策出来,有的人解读为利好,有的人解读为利空。所以说市场很复杂,市场包含的信息很多,人对信息的理解和分析、得到的结论也不一样。

图1-1　视觉错位现象图片一

资料来源:堆糖。

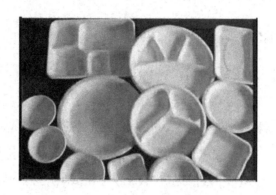

图 1-2　视觉错位现象图片二

资料来源：简书（听雨聆声）。

理解人与市场的关系

既然市场是不完全可知的，人又是有限理性的，那么我们到底应该如何研究市场呢？我借用日本战国时期三英杰对同一个问题的不同回答，谈谈自己的理解。有人问他们同一个问题：杜鹃不鸣，当如何？这三个人的答案截然不同，三个答案正好解释了 A 股发展的三段历程。

第一位，织田信长回答：令其鸣！杜鹃不叫，就用鞭子抽打让它叫。这好比股市中的坐庄模式，在 20 世纪 90 年代非常盛行，甚至出现过沪深两地政府为抢夺金融定价权而干预市场的现象。

第二位，丰臣秀吉回答：诱其鸣！杜鹃不叫，就用食物来诱导它叫。这类似于股市的忽悠模式，结合市场热点，通过交易产生的 K 线走势图，引导公司股价，形成某种趋势。A 股市场曾经出现的涨停板敢死队，类似于这种模式。

第三位，德川家康回答：待其鸣！杜鹃不叫，我就等，只要不是生理上的缺陷，它不可能永远不叫。这是我认可和坚守的原则，分析师的责任是通过研究给出指数或公司的合理价值区间,至于股价什么时候达到这个位置,会不会超涨,由市场的运行状态、情绪等因素决定,我们需要耐心等待,其间还要控制好波动风险。

至于合理价值区间如何确定,基本面研究、技术面研究、行为金融学研究等都是具体的方法和工具,都值得被尊重。无论什么方法都是认识市场的一种手段,只要能自成体系,并且用投资纪律约束自己,都能取得很好的成就。研究做到最后不是做加法而是做减法。知轻重就是抓主要变量,聚焦大概率事件。懂取舍就是守住能力圈,不做什么和做什么一样重要。

我的研究体系以基本面研究为主,注重历史对比研究。马克·吐温说过:"历史不会重演细节,过程却会重复相似。"金融学是经济学的一部分,而经济学属于社会科学,社会科学是研究人的。科技进步很快,但人性的进步很慢。研究历史是为了找到市场演变的大致规律,研究大概率的趋势和特征。正是因为有了历史对比,我对研究变量做了大量筛选,保留影响市场的主要变量,深耕细作,持续研究,不断精进。

辨识宏观,尊重趋势

察势者智,驭势者赢,在研究和投资时对大趋势的判断非常重要。《孙子兵法》开篇就是《计篇》,写道:"夫未战而庙算胜者,得算多也;未战而庙算不胜者,得算少也。多算胜少算,而况于无算乎。"简单来说就是,打仗前仔细算一下,算赢了就打,算不赢千万别打。

策略研究本质上就是分析赢面大小,主要回答三个问题:第一,买不买?就是从大类资产角度看股市值不值得配?第二,买什么?就是选择什么产业,怎么布局?第三,有什么热点、主题?这里面至关重要的就是买不买的问题,这是一个 0 或 1 的问题。

美林投资时钟的缺陷及改进

从大类资产角度看股市值不值得配，需要宏观研究来回答，美林投资时钟是其中非常著名的分析框架。美林投资时钟将美国1973~2004年的经济根据产出缺口和通胀两个维度划分成了四个阶段，然后回测了四个阶段中大类资产的区间收益率，最终发现每一个阶段均对应着表现最强的一类资产：衰退期（债券）、复苏期（股票）、过热期（商品）、滞胀期（现金）。

美林投资时钟是美国历史的大致规律总结，刚刚引入中国时比较好用，2001~2012年，A股市场大致符合这个规律。但由于美林投资时钟仅通过产出缺口、通胀两大指标来划分经济周期，没有考虑流动性这个变量，2013年之后中国大类资产表现时常与美林投资时钟不符，例如2014年7月~2015年6月对应美林投资时钟的衰退期，股市表现应该较差，而实际上这个阶段中国股市是牛市。

考虑到美林投资时钟的局限，我在做大类资产研究时，对美林投资时钟做了改进，加入了流动性这个变量。具体而言，加入的是名义利率（代表货币政策，如加息或降息）和实际利率（名义利率－通胀率）两个流动性指标，从而使得新的美林投资时钟从四个阶段变成了七个阶段。新版投资时钟从资金面、基本面等多个角度切入分析股市，具体而言，可以概括为DDM模型的三个变量：流动性、企业盈利、风险偏好。关于美林投资时钟改进及分析的相关内容，在第2章中会详细展开。

流动性往往最先变化

由于宏观调控政策的影响，流动性、经济增长、通胀这三个指标往往先后依次变化，即在经济增速回落的衰退期流动性开始宽松，之后经济增速回升，然后通胀指标回升。流动性不仅影响股市的估值，最终也会影响企业盈利。本书第2章会详细介绍流动性的分析框架。

从宏观角度看，流动性的分析对大类资产配置意义重大，改进版的美林投资时钟表明，债券牛市、股票牛市、商品牛市依次轮动，且都可以从流动性指标中找到背后的线索。流动性宽松时债券市场走牛，从债券牛市演绎到股票牛市，会出现高股息率股票先走牛的现象。这是因为，债券走牛预示着十年期国债利率下行，当股票市场中一些公司的股息率高于十年期国债利率时，它们的投资吸引力明显上升，这些股票先于股市指数上涨，是股市即将走牛的一个信号。

比如，2014年3~6月上证综指在2000点附近震荡时，一批公司股息率超过6%，明显高于十年期国债利率，这些公司股价逐渐上涨，下半年股市开启全面牛市。再如2018年下半年，指数一直下跌，但高股息率公司已经止跌走平，股价甚至还略涨了一点，2019年初牛市开启。

盈利是股市的根基

长期而言，股市的投资回报来源于公司的盈利，盈利分析是股市研究的根基。本书第3章会详细介绍企业盈利的分析框架。

对企业盈利的分析主要把握两个要点，第一是盈利的趋势，即盈利数据是上升还是下降，拐点在哪里；第二是盈利的数据，具体数据的测算为多少。这两个要点都很重要，盈利的趋势本身会影响到估值水平，即影响投资者对市场或公司的未来预期、信心。

对于盈利的趋势分析，需要结合宏观经济，宏观是微观的积分，微观是宏观的微分。盈利是有周期规律的，企业盈利周期对应宏观经济的库存周期。研究库存周期跟踪的指标包括工业企业的产能库存、原材料库存。月度的工业企业利润和PPI数据也可以反映库存周期在哪个阶段。

除了对盈利拐点的判断，对企业盈利数据的分析也很重要。自上而下，通过 GDP 增速可以推导企业收入增速，通过 CPI、PPI、PPIM 可以推导毛利率，通过利率和税率估算企业税费情况，最终根据影响盈利的宏观变量可以得出回归函数，估算盈利预测数据。季度数据公布后，可以根据季度盈利占比，校正估算全年数据。

此外，需要注意的是，在以前要素投入驱动经济增长的模式中，总需求的扩张和收缩对盈利的影响非常明显，企业盈利与宏观 GDP 相关性大。但是随着经济转型，产业结构升级，企业盈利受总需求的影响程度变小，技术进步、产业结构、行业集中度等变量的影响上升。

风险偏好测试市场温度

DDM 模型中决定股价的第三个变量是风险溢价，通俗地说就是风险偏好。这个变量有一点类似于主人遛狗时手上绳子的长短，风险偏好很高类似于绳子很长。

别人贪婪时要恐惧，别人恐惧时要贪婪，本质上说的就是在分析市场风险偏好高低时，自己保持冷静。实际上，风险偏好的衡量有一定的难度。霍华德·马克斯在《周期》里分享过，要精准预判市场的顶和底几乎不可能，但我们可以大致判断市场处于牛熊周期的哪个阶段。而这依赖于估值、市场情绪等指标，风险偏好的分析其实就是测试市场的温度如何。

股票市场像个钟摆，投资者的情绪一直处于高低摇摆中，对应着牛市、熊市。除了通过估值、市场情绪大致刻画市场具体温度外，研究市场自身固有的特征同样重要。本书第 5 章将详细介绍 A 股的牛熊特征、投资者结构特征、交易特征等。

深耕产业，长久之计

巴菲特说："人生就像滚雪球，最重要的是发现很湿的雪和很长的坡。"股票市场投资选择好长坡产业很重要，只要坡足够长，哪怕雪不是很湿，也能滚出较大的雪球。回顾 A 股超过 30 年的历史，每一轮行情都有它的主角。A 股的十倍股是"铁打的营盘"里"流水的兵"，每轮牛市中十倍股的行业分布都是不断更迭的。仔细看美股过去 100 多年的历史，从格林厄姆到费雪，到巴菲特，到林奇，再到米勒，会发现一个很有意思的现象：他们成名的年代都不一样，成名的代表作也不一样，这是因为时代背景不一样。投资其实是顺势而为，顺大势方能成大器。本书第 4 章将详细介绍产业演变的规律，并重点分析未来值得重视的产业领域。

决定产业趋势的三大要素

柯布－道格拉斯生产函数显示，产出由三大要素决定：第一，生产要素的投入，包括劳动力和资本；第二，技术水平；第三，要素产出弹性系数 alpha 和 beta。产业趋势的分析需从这三大要素入手。

第一，逃不开的人口周期。各个行业和公司生产的产品最终要进入消费环节，这个和人口周期相关，人在不同年龄阶段消费支出的重点不同。2000 年之后的近 20 年，房地产产业链大爆发就是源于人口结构变化，这个时间段中国人的平均年龄处于 25～40 岁，即买房买车的年龄段。现在中国人的平均年龄已经接近 40 岁，消费需求正在发生微妙的变化，从以房子、车子为代表的商品消费走向服务性消费、健康性消费。同时"90 后""00 后"已经成为消费的新群体，消费行为模式也在发生改变，消费借助科技出现了新业态、新模式。

第二，挡不住的技术渗透。技术进步对社会效率的提升、生活水平的改善的作用巨大，也会改变行业生态。比如，2010年以后智能手机的普及，已经深刻地改变了人类的生活方式。手机已经从通信工具发展成为"人体外挂器官"了，智能手机是人与外界互联的媒介，成了一个入口。微信聊天、美团叫外卖、刷抖音、直播购物等，这些在十年前科幻片中才有的情景，现在大家都习以为常了，由此衍生出了一批快速成长的行业。

第三，少不了的产业政策。产业政策其实对应柯布－道格拉斯生产函数中的要素产出弹性系数alpha和beta，二者的大小决定了劳动和资本的配比关系。国家的产业政策会影响全社会资源的分配，政策支持力度大的产业，在一定的时间段里发展的机会可能会更大。

A股产业演变的历史

A股从1990年上交所成立算起，已历经超过30年，回顾代表性产业的演变，大致每十年发生一次大的变化。

第一，1990~2000年消费制造时代。1992年初，邓小平南方谈话，社会主义市场经济地位确立，改革开放速度加快，中国经济迎来快速发展，GDP同比从1990年的3.8%快速提高到10%以上。快速的经济增长显著提高了人民生活水平，全社会月均消费额由1991年的687亿元增至1997年的2275亿元。由于此前中国处于短缺经济时代，而市场经济的快速发展带来了人们收入水平的提高，百货商品等消费品得到了广泛青睐。1991~1993年牛市涨得最好的就是日用消费品公司。

经过市场经济的初期积累，居民整体收入水平在20世纪90年代出现了明显提升，1997年人均年总收入达到3800元。收入提升直接催生了当时城乡居民的消费升级，在"老三件"（手表、自行车、缝纫机）逐渐普及后，以"新三件"（彩电、冰箱、洗衣机）为代表的家电产品深受消费者青睐，成为这一时期的消费主流。以彩电为例，1990~2001年，城乡家庭彩电保有量从59台/百户上升到了120台/百户，刚好实现翻倍。1996~2001年的牛市，家电股成为大牛股。

第二，2000~2010年工业制造时代。2001年12月11日，中国正式加入WTO，意味着中国与世界开始全面接轨。由于中国人力成本低廉，入世给中国制造业带了来全新的发展机遇，GDP同比逐渐从8%提升到10%以上。首先受益的是进出口贸易，中国对外贸易景气度大幅提升，2002~2007年进出口金额同比始终维持在20%以上。在此背景下，诞生了2003~2004年以钢铁、石化、汽车、电力、银行为代表的"五朵金花"行情。

此外，从1998年央行出台《个人住房贷款管理办法》提倡贷款买房开始，房地产行业逐渐步入景气周期，2003年国务院发布18号文件《国务院关于促进房地产市场持续健康发展的通知》，开启了房地产市场化的进程。随着城镇化率提升，房地产黄金期来临。2000~2010年我国20~39岁住房刚需人群达到阶段顶峰，住房消费需求随之集中释放。房地产行业发展迎来新机遇，商品房销售维持了多年的高速增长，2000~2010年商品房销售面积累计同比平均值为22.4%。2005年开始房地产行业进入高速发展期，2005~2009年房地产行业相比上证综指出现明显的超额收益，在牛市期间涨幅更大，如2006和2007年房地产指数分别上涨153%和165%，同期上证综指上涨130%和97%。

第三，2010~2020年，可以定性为先进制造时代。由美国引领的全球经济增长动力从要素驱动切换到创新驱动，美国白宫2009年推出创新战略1.0，2015年发布3.0。中国2015年发布《中国制造2025》，提出创新是引领发展的第一动力。2007年苹果发布第一代智能手机iPhone，成为移动互联浪潮的开端。随着苹果、安卓的两极格局形成，智能手机全球性地快速普及，加上3G、4G技术的不断成熟，2010~2014年迎来了移动互联的快速普及，我国手机网民数量自 2008 年的 1.2 亿人升至 2014 年的 5.6 亿人。智能手机普及带动了整个产业走牛：2010~2012 年硬件设备、2013 年游戏内容、2014~2015 年互联网，A 股诞生了一批科技类牛股。

未来值得重视的产业趋势

从人口周期、技术水平、产业政策三个角度分析，产业演变的两个趋势值得重视。

第一，消费升级：品牌化、服务化。从人口周期看，中国人口平均年龄步入中年，人均 GDP 刚超过 1 万美元。从国际经验看，这是消费加速升级的阶段。从技术水平看，随着过去几十年生产工艺的改进，中国消费品的质量不断提升，品牌价值逐渐体现。从产业政策看，"双循环"新发展格局以国内循环为主体，促进国内大循环的首要任务是扩大内需，扩大内需又以扩大消费需求为重点。

展望未来，中国从消费水平和结构看，类似 20 世纪 70~90 年代的美国和日本，各种品牌声名鹊起，比如美国的可口可乐、麦当劳、强生、百事可乐、星巴克、吉列公司，日本的松下、索尼、丰田、本田等，美国当时还出现了"漂亮 50"行情。近几年我们已经发现了各个领域中的品牌公司，比如贵州茅台、格力电器、金龙鱼、海天味业、索菲亚、李宁等。除了品牌消费外，还有服务消费，尤其是人口老龄化加速催生了医疗健康等相关需求。

第二，制造升级：信息化、智能化。从人口周期看，"90 后"和"00 后"逐渐成为新的消费群体，他们更偏好科技赋能的新产品，而 1960 年的婴儿潮一代步入老年，巨大的医疗服务需求要靠信息化支持。从技术水平看，这一轮的科技革命以 5G 技术、新能源技术为主，中国在这两个领域并不逊于发达国家。从产业政策看，"十四五"规划提出构建现代产业体系，抓手就是制造业的升级，工信部也发布了《"十四五"智能制造发展规划》（征求意见稿）。

我国现在 GDP 规模是美国的 60%，传统制造业规模是美国的 150%，早就超过了美国，但信息科技产业规模只相当于美国的 30%~40%，未来增长的空间很大。随着 5G 及未来 6G 的应用，信息化、智能化是大势所趋。如果说 2012~2015 年的移动互联浪潮改变了消费端，那么真正逐渐开启的万物互联的物联网将改变生产端，比如未来的智能汽车将类似于装着轮子的智能手机。

恪守纪律，知行合一

如果说在辨识大势和选择产业时，要做到知轻重、抓主要变量、聚焦大概率事件，那么这部分讨论的就是懂取舍，即守护好能力圈。在讨论投资的基本原则时，沃伦·巴菲特说："第一不要亏损，第二永远记住第一条！"在投资世界里，防范风险是需要首先考虑的问题。

股市波动大，防范风险为先

经济学家保罗·萨缪尔森在 1966 年就曾经说过："近几十年来发生了 5 次经济衰退，而股票市场信号却表明发生了 9 次。"市场波动大源于人的有限理性。丹尼尔·卡尼曼是第一位获得诺贝尔经济学奖的心理学家，他提出经济学的理性人假设不可靠，并开创了行为经济学。

本书第 5 章会详细介绍股市类似于钟摆的波动特征。A 股波动的次数可能会更多。A 股还很年轻，如果美股类似于 35~40 岁的中青年，A 股可能就类似于 13~18 岁的青少年，情绪波动更大，市场的波动比基本面的波动大得多。

正是因为股市的高波动难以避免，做好风险控制才尤为重要。凯恩斯说："市场保持非理性的时间，比你保持不破产的时间更长。"1720年南海泡沫时，伟大的物理学家牛顿也投入其中，泡沫破灭时最终亏损2万英镑，而他当时年薪只有2000英镑，牛顿感慨："我可以预测天体运动的轨迹，却无法预测人性的贪婪。"

股市常见的认知陷阱

大卫·休谟在《人性论》中写道："人类不受理性的宰制。人类永远无法克服自身或者他人狭隘的灵魂，人人短视近利，只顾眼前。这就是人性，不要妄想去更改。"正是因为人的有限理性及人性难以改变，在股票市场中，才会存在一些错误的心理倾向。

第一，承诺与一致陷阱：对已经做出的决策更有信心，即"屁股决定脑袋"。心理学家分析过赛马场上人们的奇妙心理：只要一下注，他们对自己所挑之马获胜的信心立刻大增。

第二，小数定律陷阱：从少量信息中得出结论。比如"逢八危机"是经常出现的词，就字面意思而言，这是一个统计概率，但这是个大概率吗？只要回顾一下历史就会发现，样本量越大，这个结论越不靠谱，实际上这跟守株待兔是一样的小概率事件。

第三，沉没成本陷阱：不愿意处理浮亏操作，"已经被套就拿着吧"。实际上，如果买错了公司，亏损有可能永不停息，公司甚至会退市。A股进入注册制时代，退市将更加常态化。

再看两个收益率陷阱，背后是涨跌的不对称性。第一，股价下跌10%需要上涨11%才能回本，下跌20%需要上涨25%才能回本，下跌30%需要上涨43%才能回本，下跌50%需要上涨100%才能回本。第二，看两个组合：投资组合A每年获得收益率10%；投资组合B第一年收益率为

40%，第二年收益率为 –20%，第三年收益率为 40%，第四年收益率为 –20%，以此类推。看起来两个投资组合每两年算术收益率相同，但累计收益率会随着时间分化巨大，10 年后组合 A 累计收益率为 159%，组合 B 仅仅为 76%。

通过纪律控制风险

股市投资永远隐含风险，想控制好风险，除了专业的分析研究，还需要用纪律来约束投资行为，可以说投资纪律是投资者的盔甲。股市有句谚语："会买的是徒弟，会卖的是师傅，会空仓的才是大师。"在股票市场，管理欲望、保持耐心非常重要。

前文打过比方，股价与基本面类似于狗与主人，如果遛狗的绳子足够长，又碰上雾霾天气，狗和主人之间的偏离会很大，甚至方向是否对都是个问题。当这种情况出现时，需要理性地分析，并用投资纪律规范投资行为。当分析框架显示风险收益比高、赢面明显大时，自然未战而先胜了。否则，只能守护好能力圈，耐心等待机会的出现。会空仓的才是大师，意思就是严格约束自己，珍惜交易的次数。

巴菲特的"20 个打孔位"规则，就是通过投资纪律来控制风险。虽然巴菲特曾多次被质疑，但他仍然"跳着踢踏舞去上班"。他的成功和快乐源于坚持自己的信仰，懂得取舍。投资是一个修炼自我的过程。根据自己的投资哲学和理念，构建投资策略和风险管理体系，挣该挣的钱，框架不起作用时就休息，进退有序，从容面对市场，从"心由境造"到"境由心造"。

作为总论性的第 1 章的结语，我还是想提一句话：兵无常势，水无常形。本书的内容都是我过去的学习思考，用来指导未来可能会有偏差甚至出错，请读者抱一种批判态度看待。明者因时而变，知者随事而制。

|第 2 章|

理顺资金流向

前文提到 DDM 模型的三个变量：流动性、企业盈利、风险偏好，本章将聚焦策略研究的第一个重要内容——流动性。马克思在《资本论》中指出资本具有逐利的特性，因此在辨别资金流向前首先要对各个资产的收益率和性价比进行比较。本章的第一部分主要对比各个大类资产特征，分析中短期内大类资产如何进行轮动以及长期来看为什么股票是最好的资产。确认了长期占优的资产后，第二部分进一步研究了股市资金面分析框架，主要讨论为什么股市资金面分析很重要、宏观流动性和微观股市资金面是什么关系以及微观资金面的特征是什么。第三部分则是对股市资金的供给端特征的分析，即资金流入科目中的四大项——居民资金、公募基金、保险类资金（简称险资）和境外资金（简称外资）分别有哪些特征。

长视角看，大类资产中股票最优

策略研究离不开对流动性的分析，为了厘清资金最终流向哪类资产，有必要从大类资产对比角度展开研究。本节站在历史的长河中对比分析中美大类资产的长期表现,并分析我国开启股权投融资时代的原因。

美国过去200年股市性价比最高

美国股市有200多年历史,对比分析1802～2012年美国大类资产年化收益率,在考虑利息再投资的情况下,美股长期收益率高于其他资产。西格尔在《股市长线法宝》中分析过,1802～2012年美国股票、长期国债、短期国债、黄金、美元、房地产的名义年化收益率分别为8.1%、5.1%、4.2%、2.1%、1.4%、0.1%,长期来看股市收益率很高。

实际上,根据《股市长线法宝》中的全球大类资产数据,长期视角下全球市场大多都存在股票收益率优于债券的现象(如图2-1所示)。回顾1900～2012年世界各国股票与债券的实际年化收益率,拉长投资周期后,英国、日本、德国、意大利等国的股票收益率均明显高于债券收益率。

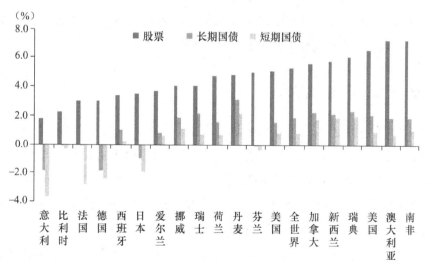

图2-1　1900～2012年世界各国大类资产实际年化收益率

资料来源:《股市长线法宝》。

需要注意的是，任何投资都要与风险对应，股市的高收益是否对应着高风险呢？《股市长线法宝》通过衡量实际收益率的标准差和持有期的最低收益率来比较美国各类资产的风险收益比，发现在长期持有时股票是性价比最优的大类资产。从1802~2012年持有期在1~30年的美国股票、债券、短期国债实际收益率标准差来看，持有期为10年的股票、债券、短期国债实际收益率标准差分别为0.045、0.040、0.035，股票风险略高于债券。而当持有期拉长到20年时，标准差分别为0.025、0.030、0.025，股票风险已经低于债券。

从持有期最低收益率来看，当持有期限为5年时，股票、债券、短期国债和房地产的最低实际收益率分别为-11.9%、-10.1%、-8.3%、-6.1%，股票稳定性差于债券和房地产。但是，当持有期限为10年时，股票、债券、短期国债、房地产的最低实际收益率分别为-4.1%、-5.4%、-5.1%、-1.3%，股票稳定性开始略优于债券但依旧不及房地产。而当持有期限拉长至20年时，最低实际收益率分别为1.0%、-3.1%、-3.0%、0.7%，股票的最低收益不仅高于债券和房地产，而且是正值（如图2-2所示），即持有期限拉长后，股票是性价比最优的大类资产。

中国过去20年房市占优

着眼分析国内大类资产的表现，股市以上证综指（考虑分红）衡量，房市以全国商品房房价（全国房地产销售额/销售面积）衡量，债市以10年期银行间国债到期收益率衡量，大宗商品以CRB指数作为衡量基准。根据2000~2020年数据，股市、房市、债市、大宗商品的名义年化收益率分别为6%、8%、4%和3%，股市排名第二，略落后于房市（如图2-3所示）。需要注意的是，这里房价涨幅计算的是全国平均值，一二线城市房价涨幅明显高于此，而且居民买房大多要贷款，即利用杠杆买房，算上杠杆率，投资房市的收益率更高。

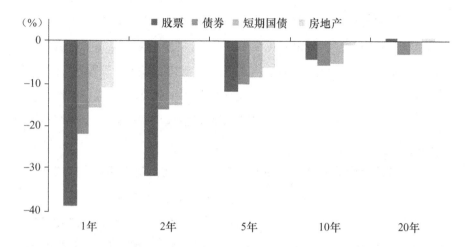

图 2-2　1802～2012 年美国大类资产各持有期下的最低实际收益率

资料来源:《股市长线法宝》。

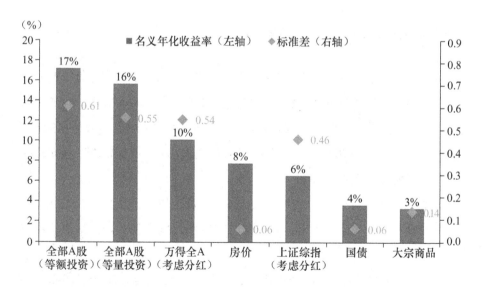

图 2-3　2000～2020 年中国大类资产收益率及风险对比

资料来源:Wind。

不过需要补充的是，对于股市，不同投资策略的收益率不同，除了直接以上证综指衡量外，若以万得全A指数（考虑分红）作为衡量基准，则股市的名义年化收益率为10%，超过房市。此外，2000~2020年，若每年初以等股份数量买入所有A股，名义年化收益率为16%，若每年初以等金额买入所有A股，则为17%，A股等量和等额投资策略年化收益率同样超过房价涨幅。

进一步研究中国各类资产的性价比，与前文对美股市场的分析一致，此处还是以收益率的标准差来比较风险收益比。2000~2020年，中国房市、股市（以上证综指来衡量）、大宗商品、债市的名义年化收益率的标准差分别为0.06、0.46、0.14、0.06（见图2-3）。很明显，A股收益率的标准差明显大于其他大类资产，即过去20年股市的波动性很大，投资体验不好，这源于A股市场成立尚短、制度还不完善。

中国股权投融资时代的大幕已经拉开

过去二十年A股虽然收益率不错，但是波动也大，因此和房地产相比，最终性价比还是偏低，那未来这一情况是否会有所改善呢？借鉴海外经验，历史上美股也曾长时间跑输房市。从时间序列上看，1968~1982年美国房市相对标普500取得了显著的超额收益，这一情况在1982年之后美股长牛开始后才逆转（如图2-4所示）。

类似20世纪80年代的美国，中国权益资产的性价比正逐步凸显，中国股权投融资时代已经到来，影响房市和股市长期表现的两个因素正在发生改变。

一是产业结构。产业结构转型是我国股权投融资时代开启的重要背景。过去我国是工业化经济，地产链是我国经济中的主导产业链，第二产业在我国GDP中的占比从改革开放至2010年平均为45%。工业企业拥有大量的固定资产，扩大生产规模所需资金可以靠向银行抵押资产获得，社会的融资方式以银行信贷为主。截至2021年4月,社融存量中占比最高的为银行贷款,比重在70%以上,其次是债券和非标,合计占比约20%,而股权融资的占比长期不到5%(如图2-5所示)。工业化时代,房产是稀缺的核心资产,信贷增速很快,股权市场发展慢。

图2-4　标普500相对美国房屋价格指数涨幅(以1960年为起点)

资料来源:Wind。

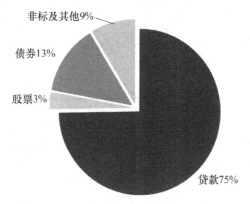

图2-5　2021年我国非金融企业融资结构

资料来源:Wind,截至2021年4月。

进入 2010 年之后，我国产业结构开始转型，第二产业在 GDP 中的占比从 2010 年最高的 46% 一直下降至 2020 年的 38%，而第三产业的占比从 2012 年超越第二产业后一直上升至 2020 年的 55%（如图 2-6 所示）。我国主导产业正从过去的以地产为主转向以科技、消费服务业为主。由于科技、消费服务业等新兴产业用来向银行做抵押贷款的固定资产较少，股权融资快速发展。2019 年 2 月 22 日，中共中央总书记习近平在中共中央政治局第十三次集体学习时指出，要"构建风险投资、银行信贷、债券市场、股票市场等全方位、多层次金融支持服务体系"。随着金融供给侧改革的不断深化，在后工业化时代，核心资产将通过股权市场体现。参考 20 世纪 80 年代美国产业结构转型期的经验，主导产业从工业转为科技服务业后，对应的融资结构也发生了改变。1985 年美国非金融企业融资结构中股权融资的占比只有 35%，2000 年这一比例上升至 60%，美股进而也在 20 世纪 80 年代后开始长期跑赢房市。

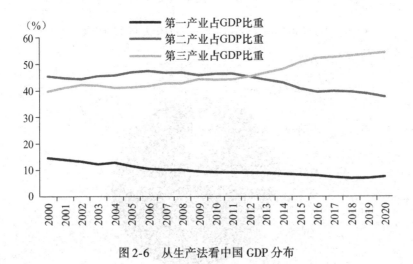

图 2-6　从生产法看中国 GDP 分布

资料来源：Wind。

二是人口因素。除了产业结构的因素外,过去我国房地产业发展较快也离不开需求端人口因素的拉动。根据联合国的测算,2000年我国人口的平均年龄为31岁,按照人口年龄周期,25~40岁为住房的刚需人群(如图2-7所示),因此过去我国居民买房有很大的刚需原因。

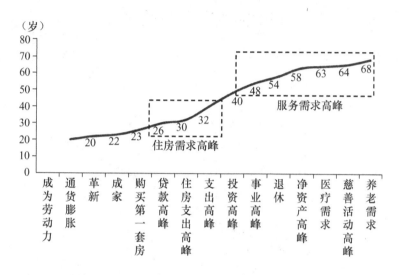

图2-7　对经济产生重要影响的关键年龄

但是截至2020年,第七次人口普查结果显示我国的平均年龄已经到了38.8岁,联合国预测我国的平均年龄将在2030年达到42岁,在2050年达到47岁(如图2-8所示),居民对房产的刚需配置力度将趋势性下降。从人均住房面积来看,截至2019年我国城镇居民人均住房面积约39.8平方米,相比于2000年的20平方米已经大幅提高。相对于同期海外城市人均住宅面积(根据加拿大地产公司Point2Homes数据,美国61平方米,德国46平方米,英国和法国42平方米,韩国19.8平方米,日本19.6平方米),我国城镇居民人均住宅面积已经接近中等水平,买房的高峰即将过去。

未来随着我国居民对房产配置比例减少,对权益资产的配置比例有望相应提升。横向比较,我国居民房产的配置比例明显高于其他代表性的发达国家,而权益配置比例明显偏低。2019年中国居民配置房产的比例为59%,配置权益类资产的比例仅为2%,而美国分别为24%、34%,德国分别为41%、12%,日本2018年的数据分别为24%、9%。

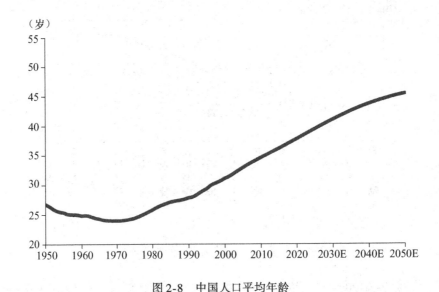

图2-8 中国人口平均年龄

资料来源:UN Population Division。

此外,制度改革也会影响居民资产配置。以美国为例,1970年后美国养老金的制度改革促使居民资金借道机构持续流入股市。具体来看,1974年美国通过《雇员退休收入保障法案》(即ERISA法案),个人退休金账户(即IRAs计划)得以诞生。1978年《美国国内税收法案》中的401K条款规定贡献确定型养老金享受税收递延或优惠。IRAs和401(K)的推出使得美国居民养老金规模快速上升,20世纪80年代美国养老金第二、三支柱总规模十年复合年化增长率在15%以上。与此同时,养老金入市的比例也在上升，1978年后美国股权投资基金资金来源中养老金占比上升（如图2-9所示）。以IRAs计划为例，该计划对共同基金的配置比例从1980年的3%上升到2000年的48%，证券及其他资产的比例从5%上升到35%，可见在养老金制度改革影响下，来自居民的配置型资金不断流入股市，使得美股长期表现优于其他大类资产。

我国已经在积极引导长线资金入市，2020年初银保监会下发的《关于推动银行业和保险业高质量发展的指导意见》明确指出，要"多渠道促进居民储蓄有效转化为资本市场长期资金"。参考20世纪80年代美国的经验，未来随着来自居民的配置型资金持续进入股市，A股也有望迎来长牛。

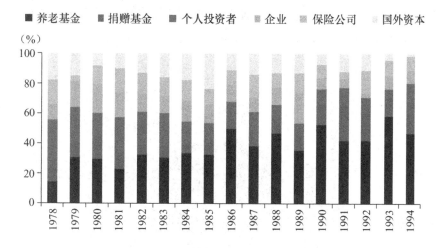

图 2-9　1978 年后美国股权投资基金资金来源

资料来源：Wind。

美林投资时钟的改进

前文分析过，从十年以上的长期看，股票在大类资产中占优，但是从3~5年的视角看，大类资产也会有轮动。本节对美林时钟进行改进，分析中国大类资产轮动的规律。

传统大类资产分析框架：美林投资时钟

美林证券在 2004 年 11 月的一份报告中公布了著名的"美林投资时钟"（如图 2-10 所示），该报告利用美国 1973～2004 年的历史数据，使用 OECD 对"产出缺口"的估计作为经济指标，用 CPI 数据作为通胀指标，从经济和通胀两个维度识别 1973～2004 年美国实体经济在各个时期所处的阶段，然后计算每个阶段的平均资产收益率和行业资产收益率。按照美林投资时钟的分析框架，在经济周期的每一个阶段，都有一类大类资产的表现明显优于其他资产，分别是：债券（衰退期）、股票（复苏期）、大宗商品（过热期）、现金（滞胀期），详见表 2-1。

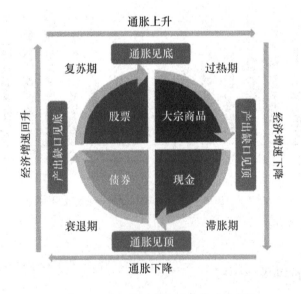

图 2-10 美林投资时钟理论中的经济周期

资料来源：Merrill Lynch。

表2-1　1973年4月~2004年7月美国各阶段大类资产收益率　(%)

经济周期	债券	股票	大宗商品	现金
衰退	9.8	6.4	-11.9	3.3
复苏	7.0	19.9	-7.9	2.1
过热	0.2	6.0	19.7	1.2
滞胀	-1.9	-11.7	28.6	-0.3

资料来源：Merrill Lynch。

需要说明的是，这里对经济不同周期的定义与经济学教科书的定义有些区别。经济学定义的滞胀是指经济停滞、严重通胀和大量失业并存的现象。而本文提到的滞胀是类滞胀概念，即经济增速（GDP）下滑、通胀（CPI、PPI）上行的状态。同样，经济学定义的衰退是指经济下行、通货紧缩和大量失业并存的现象。而本文提到的衰退是类衰退概念，即经济增速（GDP同比）下滑、通胀（CPI、PPI同比）下行的状态。

具体到我国的应用来看，美林投资时钟在刚刚引入国内的时候非常好用，但2013年后我国大类资产表现时常与美林投资时钟不符。例如2014年7月~2015年6月的类衰退期间，虽然GDP增速从2014年Q2⊖的7.6%降至2015年Q2的7.1%，CPI同比从2.3%降至1.4%，PPI同比从-0.9%降至-4.8%，按美林投资时钟为衰退期，股市应该表现一般，但实际上，流动性的宽松推动股市走牛，上证综指从2013年6月25日最低的1850点一路走高至2015年6月12日的5178点。

美林投资时钟的改进及应用

美林投资时钟失效的关键原因，在于其仅通过产出缺口、通胀两大指

⊖ Q2是二季度，同理，Q1、Q3、Q4是一季度、三季度、四季度。

标来划分经济周期,没有考虑流动性这个变量。实际上,流动性非常重要,1936年凯恩斯的《就业、利息和货币通论》出版以后,政府通过制定宏观政策来干预经济这一行为逐渐被大家接受,宏观政策不仅对实体经济有影响,对金融市场的资产价格影响也非常大。以A股为例,2014~2015年实体经济仍在下滑趋势中,但是宏观政策已经明显转向宽松,因此股票市场在流动性宽松的背景下出现了大牛市,这是传统的美林投资时钟无法解释的现象。

考虑到美林投资时钟的局限,本文在原有框架中加入两个流动性指标,分别是名义利率(代表着货币政策,如加息或降息)和实际利率(名义利率减通胀率),从而使得新的投资时钟从美林的4个阶段变成了7个阶段(如图2-11所示):

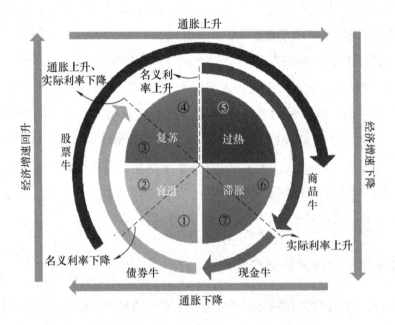

图2-11 改进后的投资时钟

- 和美林投资时钟一样,经济增长和通胀皆下行的阶段本文定义为衰退期,但是在考虑货币政策后,可以将衰退期分为政策还未发力的衰退前期(阶段①)和政策加码(名义利率下行)开始刺激经济的衰退后期(阶段②)。

- 随着政策效果显现,按照美林投资时钟,经济会先进入复苏期,待通胀起来后进入过热期。考虑流动性后的划分则更加细致,可以将复苏期按照通胀起没起来划分为复苏前期(阶段③)和复苏后期(阶段④),即实际利率(名义利率-通胀率)见顶后复苏就进入了后半场。那什么时候经济从复苏走向过热(阶段⑤)呢?划分的标志是政策开始转向(名义利率回升),即政策层判断经济可能开始过热了。

- 政策收紧一段时间后,经济会开始转头向下,但通胀继续上行,经济进入滞胀期。滞胀期可进一步按照政策效果分为通胀快速上行的滞胀前期(阶段⑥),以及政策继续加码但是通胀上行斜率放缓的滞胀后期(阶段⑦),即名义利率在整个滞胀期继续上升,但是实际利率会因为通胀的斜率而先降后升。

基于上述的经济周期划分,大类资产遵循着"债券牛—股票牛—商品牛—现金牛"的轮动规律:

- 债券牛始于通胀顶,终于通胀底。经济在回落一段时间后,通胀也开始见顶回落,此时经济进入衰退初期(阶段①),债券市场的牛市启动。直到通胀开始回升,即进入复苏后期(阶段④),债券牛才结束。

- 股票牛始于政策底,终于经济顶。在衰退的后期(阶段②),政策明显转向,股票市场的投资者对经济的复苏开始恢复信心,股票市场进入牛市。直至基本面走向顶部并不再上升,即到过热期(阶段⑤),股票市场的牛市才会结束。

- 商品牛始于政策顶,终于实际利率底。商品市场的牛市一般始于过热期(阶段⑤),即政策层在见到实体经济过热、通胀压力显现后开始收紧政策的阶段;直至通胀上升的斜率开始放缓、实际利率见底回升的滞胀后期(阶段⑦),商品市场才步入熊市。
- 滞期后期(阶段⑦)现金为王。滞胀后期实际利率持续上行,持有现金资产的实际收益将超过风险资产,配置现金为最好的选择。

根据改进后的投资时钟,按照经济增速和通胀水平进行每一轮周期的划分,考虑到大部分资产价格指数从 2004 年之后才比较完整,因此从 2004 年至 2021 年中,完整的投资时钟一共有四轮,分别是 2004 年末～2008 年中(约 4 年半)、2008 年中～2011 年中(3 年)、2011 年中～2013 年底(2 年半)、2013 年底～2018 年初(约 4 年),最近一轮周期始于 2018 年 2 月,直至 2021 年 5 月仍未走完。大类资产方面,用万得全 A 指数、南华商品指数和中债总全价指数的同比增速来刻画股市、商品市和债市的表现。依次回顾历史四轮完整经济周期的运行和大类资产的表现。

(1) 2004 年以来第一轮投资时钟始于 2004 年 12 月,直至 2008 年 7 月才算结束(如图 2-12 所示)。这轮投资时钟从复苏(2004/12～2007/03)起步,此后经历了过热(2007/03～2007/10)和滞胀(2007/10～2008/07)。观察各个阶段的资产表现:

- 复苏前期(2004/12～2006/04),根据改进版投资时钟模型,这个阶段债券牛市进入尾声,股市仍是牛市。实际债券、股票表现基本符合模型规律,债券方面,中债总全价指数于 2006 年 4 月见顶;股市方面,万得全 A 指数在该区间内上涨 12%。

- 复苏后期（2006/04～2007/03），根据改进版投资时钟模型，该阶段股票领涨，实际债券、股票、商品的区间收益率分别为1%、144%和-2%，符合模型结论。

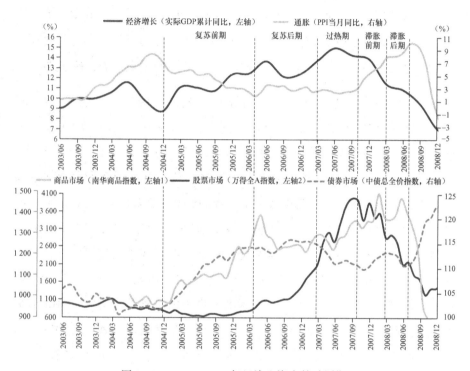

图2-12 2004～2008年经济和资产轮动周期

资料来源：Wind。

- 过热期（2007/03～2007/10），根据改进版投资时钟模型，此时股票牛来到最后一个阶段，商品开始走牛。实际结果与模型基本一致，股票方面，股票牛市见顶于2007年10月，万得全A指数该阶段最大涨幅达94%；商品方面，南华商品指数从2004年6月才有，此后便持续走牛，该阶段内指数处于阶段回调后的重新上涨期，区间最大收益率为14%。

▶ 滞胀前期（2007/10～2008/03），根据改进版投资时钟模型，商品牛在该阶段结束，实际南华商品指数持续上涨，至2008年3月达到该轮牛市的最高点，区间最大收益率达19%，与模型预测一致。

▶ 滞胀后期（2008/03～2008/07），根据改进版投资时钟模型，该阶段现金为王，债券、股票、商品在2008年3月初至7月末的区间收益率分别为-1%、-39%和-6%，可见此时现金资产为最好的选择。

（2）2008年7月～2011年8月是个完整的投资时钟（如图2-13所示）：衰退（2008/07～2009/03）、复苏（2009/03～2010/01）、过热（2010/01～2011/03）、滞胀（2011/03～2011/08）。衰退始于外需下滑，衰退后央行于2008年9月、10月先后下调了贷款基准利率和存款准备金率，以此为标志衰退从前期转为后期。随后经济从2009年初开始复苏。到了2009年7月，PPI同比见底，复苏从前期迈入后期。2010年1月，央行重新上调存款准备金率，标志着经济从复苏后期正式进入过热期。经济过热后增速开始见顶，单从GDP单季同比增速看，本轮经济见顶于2010年Q1，但2009年Q1GDP基数很低，因此如果用两年复合增速看，GDP单季度增速的高点实际上位于2011年Q1。之后经济迈入滞胀期，以2011年6月实际利率触底回升为标志，滞胀从前期转入了后期。观察该区间内每个阶段各类资产表现：

▶ 衰退前期（2008/07～2008/09），根据改进版投资时钟模型，该阶段债券牛率先起步，实际情况与模型相符。本轮债券牛市里中债总全价指数在2008年7月见底于110.3后开始回升，该区间内债券收益率为4%。

▶ 衰退后期（2008/09～2009/03），根据改进版投资时钟模型，此时债券继续牛，股票市场也开始走牛。实际与模型预测基本一致，债券方面，该阶段中债总全价指数收益率为4%；股票方面，用万得全A指数刻画，股票市场从2008年11月起步，至2009年3月的区间最大涨幅为68%。

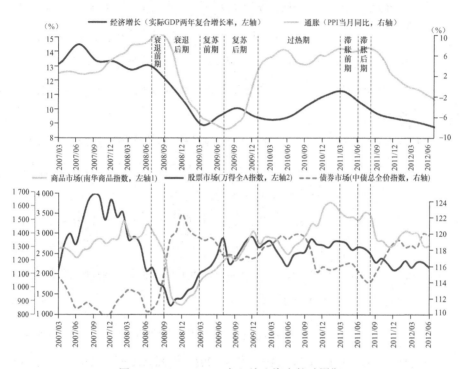

图2-13　2008~2011年经济和资产轮动周期

资料来源：Wind。

▶ 复苏前期（2009/03~2009/07），根据改进版投资时钟模型，此时债券牛来到最后一个阶段，股票市场则持续牛。实际债券牛市于2009年1月提早六个月结束，股票表现则基本符合模型，万得全A指数在该区间内持续上涨，区间收益率达45%。

▶ 复苏后期（2009/07~2010/01），根据改进版投资时钟模型，此时股票表现占优，实际上2009年8月后股票市场进入结构性牛市，中小板指数继续上涨。商品在该阶段表现也不错。债券、股票（用中小板指数刻画)、商品区间收益率分别为0%、17%、13%,可见股票的确在该阶段表现突出。

▶ 过热期(2010/01~2011/03),根据改进版投资时钟模型,此时股票牛来到最后阶段,商品则开始走牛。实际中小板指数走牛至2010年11月见顶,且该阶段中小板指数和南华商品指数的最大涨幅分别达64%和37%,股票和商品为该阶段表现最优的资产,与模型结论吻合。

▶ 滞胀前期(2011/03~2011/06),根据改进版投资时钟模型,此时商品延续牛市,实际该区间内债券、股票、商品均表现一般,收益率分别为-1%、-6%和-4%。

▶ 滞胀后期(2011/06~2011/08),根据改进版投资时钟模型,该阶段现金为最好的选择,实际2011年6月初至8月末债券、股票、商品的区间涨幅分别为-2%、-3%和1%,滞胀后期现金为王的结论在本次周期中依然成立。

(3) 2011~2013年投资时钟只走了一半,债券牛启动,股票牛孕育,商品牛未起(如图2-14所示)。2011~2013年经济周期开始,鉴于GDP增速的波动减小,改用克强指数(相比GDP更高频且周期性更明显)来衡量经济走势。本轮周期的起点和终点分别为2011年8月和2013年11月,可以发现这轮周期中经济只经历了衰退(2011/08~2012/09)和复苏(2012/09~2013/11)。其中,衰退期由于欧洲主权债务危机以及国内经济衰退趋势明显,央行于2011年11月宣布下调存款准备金率0.5个百分点,政策明显转向标志着衰退从前期进入后期。宽松政策下克强指数和PPI同比分别于2012年9月和2013年5月见底回升,经济进入复苏期。但与以往周期不同的是,2013年后经济和通胀并未进一步回暖,因此本轮周期止步于复苏后期。观察该区间内各阶段大类资产表现:

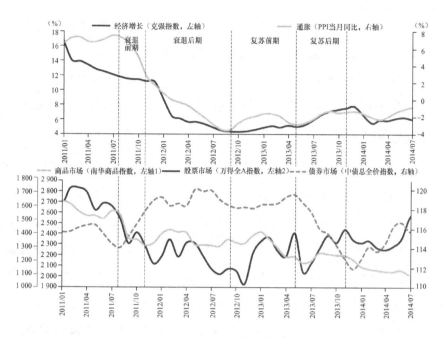

图 2-14　2011～2013 年经济和资产轮动周期

资料来源：Wind。

- 衰退前期（2011/08～2011/11），根据改进版投资时钟模型，该阶段债券牛市起步，实际情况也与之相符，中债总全价指数于 2011 年 9 月见底后开始回升。

- 衰退后期（2011/11～2012/09），根据改进版投资时钟模型，此时债券持续走牛，股票牛开始启动，实际中债总全价指数在本阶段的涨幅为 1%；股票方面，该阶段万得全 A 指数先是在政策转向后的 2012 年 1～2 月有一波 19% 的反弹，但是之后一直走熊，直至 2012 年 12 月开启一轮新的牛市。

- 复苏前期（2012/09～2013/05），根据改进版投资时钟模型，本阶段是债券牛市的尾声，股票持续走牛。实际债券和股票表现基本符合模型，债券方面，中债总全价指数自 2012 年 7 月达到最高点回落后又经历了小幅反弹，直至 2013 年 6 月才开始加速下跌；股票方面，万得全 A 指数在该阶段的涨幅达 16%。

- ▶ 复苏后期（2013/05 ~ 2013/11），根据改进版投资时钟模型，此时股票领涨，实际万得全 A 指数区间最大收益率为 32%，债券和商品收益率分别为 –6% 和 9%，资产表现基本符合模型结论。

(4) 2013 ~ 2018 年周期始于 2013 年 11 月，直至 2018 年 2 月结束（如图 2-15 所示）。由于 2013 年后经济和通胀不升反降，经济周期在上轮 2013 年 11 月的复苏后期结束之后，在本轮直接转至衰退期（2013/11 ~ 2015/12），随后经历了复苏（2015/12 ~ 2016/08）、过热（2016/08 ~ 2017/03）和滞胀（2017/03 ~ 2018/02）。其中 2014 年初货币政策的执行思路还是"不放松也不收紧银根"，整体偏稳健中性，直至 2014 年 4 月央行开始定向降准，货币政策才明显转向宽松，衰退也随之来到后期阶段。到了 2015 年 12 月经济开始明显复苏，在供给侧改革的影响下，克强指数从 2015 年 12 月的 1% 升至 2017 年 3 月的 14%，同期 PPI 同比从 –6% 升至 8%。2016 年 8 月央行在确认经济复苏后重启逆回购，货币政策开始收紧，标志着经济进一步走向过热。直至 2017 年 3 月，此时经济增速开始出现下滑，2017 年 8 月实际利率也在通胀增速放缓的趋势下开始回升，经济相继切换至本轮最后的滞胀前期和后期。结合 CPI 和 PPI 同比的顶点来看，通胀持续回升至 2018 年 2 月才结束，本轮周期止步。观察该阶段资产表现：

- ▶ 衰退前期（2013/11 ~ 2014/04），根据改进版投资时钟模型，该阶段债券牛起步，实际上中债总全价指数在 2014 年 1 月见底后开始走牛，基本符合模型预测。

- ▶ 衰退后期（2014/04 ~ 2015/12），根据改进版投资时钟模型，此时债券继续牛，股票牛也开始启动。实际资产走势与理论基本符合，债券方面，中债总全价指数在该区间持续上涨，累计涨幅达 10%；股票方面，万得全 A 指数则在 2014 年 5 月后结束调整并开始加速上涨，其间最大涨幅达 230%。

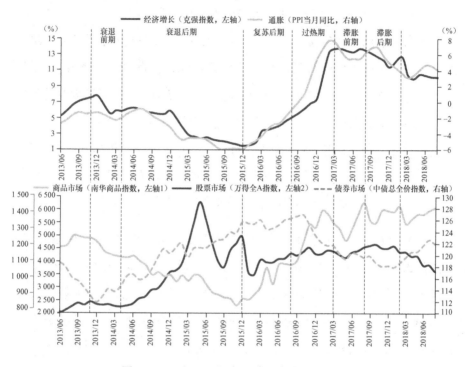

图 2-15　2013~2018 年经济和资产轮动周期

资料来源：Wind。

- 复苏后期（2015/12~2016/08），根据改进版投资时钟模型，此时股票占优，实际股票市场在 2015 年 12 月持续回调后于 2016 年 1 月达到阶段性底部，此后开始回升，其间最大涨幅达 27%，而债券和商品在本轮复苏后期的涨幅为 1% 和 25%，资产表现与模型结论基本吻合。

- 过热期（2016/08~2017/03），根据改进版投资时钟模型，此时股票牛来到最后阶段，商品才开始走牛。实际股票市场在该阶段震荡调整，南华商品指数在 2015 年 11 月就已经见底。但从收益率角度看，实际与理论较为符合，股票和商品的区间最大收益率分别为 10% 和 36%，是该阶段表现最优的两类资产。

▶ 滞胀前期（2017/03～2017/08），根据改进版投资时钟模型，此时商品来到牛市的最后阶段，实际该区间内南华商品指数呈 V 型反弹，并于 2017 年 9 月初冲至本轮牛市的最高点，区间最大收益率达 22%，和模型结论基本一致。

▶ 滞胀后期（2017/08～2018/02），根据改进版投资时钟模型，该阶段现金为王，实际该区间债券、股票、商品的涨幅分别为 -1%、-4% 和 -1%，现金明显是最优选择。

（5）最近的一轮投资时钟从 2018 年 2 月开始（如图 2-16 所示），其间先后经历了衰退（2018/02～2020/03）和复苏（2020/03～2020/10），2020 年 10 月开始已经轮动到流动性边际收紧、基本面向上、通胀向上的过热期（阶段⑤）。本轮衰退从前期进入到后期的标志是 2018 年 10 月 19 日国务院副总理刘鹤及一行两会负责人接受记者采访，此时明确了政策进一步转向宽松。此后受疫情冲击，经济在衰退后期的末尾大幅下行，直至 2020 年 Q1GDP 增速见底反弹后经济才开始步入复苏前期。5 月之后供给冲击的因素渐渐缓和，PPI 同比的见底回升标志着复苏来到后期。此后，2020 年 10 月、11 月社融存量和 M2 增速相继见顶回落，截至 2021 年 5 月经济仍处于过热期。回顾本轮大类资产轮动情况：

▶ 衰退前期（2018/02～2018/10），根据改进版投资时钟模型，债券在该阶段率先走牛，实际情况也与之相符，这轮债券牛从 2018 年初开始，中债总全价指数在该阶段的涨幅达 4%。

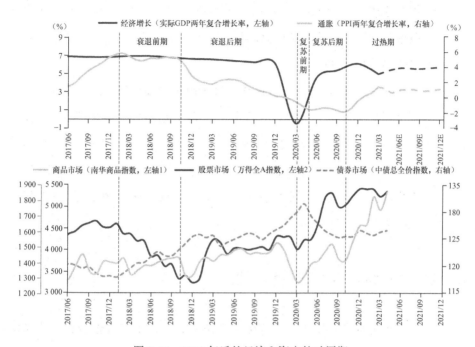

图 2-16 2018 年后的经济和资产轮动周期

资料来源：Wind，截至 2021 年 4 月 30 日，预测数据为 Wind 一致预期。

- 衰退后期（2018/10 ~ 2020/03），根据改进版投资时钟模型，此时债券牛延续，股票牛开始起步，与实际情况基本吻合。债券方面，中债总全价指数在本阶段的涨幅为 5%；股票方面，该阶段股票市场在确认政策底后于 2019 年 1 月开启了本轮牛市，万得全 A 指数在该阶段的最大涨幅达 45%。

- 复苏前期（2020/03 ~ 2020/05），根据改进版投资时钟模型，债券牛市在该阶段见顶，股票则持续走牛。实际债券和股票表现也与模型预测相符，债券方面，中债总全价指数上涨至 2020 年 4 月底见顶；股票方面，市场于 2020 年 3 月见底后开启了新一轮上涨，万得全 A 指数在该阶段的最大涨幅达 16%。

- 复苏后期（2020/05 ~ 2020/10），根据改进版投资时钟模型，此时股票领涨，实际该区间内债券、股票、商品收益率分别为 –3%、19%和2%，与模型结论一致。
- 过热期（2020/10 以后），根据改进版投资时钟模型，此时股票牛来到最后一个阶段，商品牛也在这个阶段开启。截至2021年4月30日股票和商品表现与模型基本一致，股票方面，2020年10月至2021年4月底万得全A指数最大涨幅达15%；商品方面，2020年南华商品指数在收回前期跌幅后于11月开始加速上涨，至2021年4月底最大涨幅为34%。

水从何来：股市资金面分析框架

前文从大类资产对比角度，分析了资产的轮动。本节具体分析股市资金面，包括股市资金面的构成与宏观流动性的关系等。之后几节会进一步详细分析流入股市的各个资金主体。

股市的微观流动性源自何处？

弗里德曼曾说"一切通胀都是货币现象"，股市的投资者对股市流动性的关注度较高也源于此。在一定时间内，新公司上市的数量有限，即"商品数量"有限，因此造成股价波动的因素主要是以货币数量体现的股票需求。这里的供求关系可以用改进版的费雪方程来体现，即货币供给×货币流通速度＝实体经济中商品价格×商品数量＋资产价格×资产数量。每当央行执行宽松的货币政策后，商品价格就会引来"通胀担忧"，金融市场也会引来"泡沫"。

从货币政策的传导路径（如图2-17所示）来看，央行在银行间市场进行货币政策操作促使资金供给量上升和资金成本下降，银行负债端资金量升价跌，于是银行在资产端加大配置，包括向实体经济中的居民和企业放贷以及在金融市场购买资产。与此同时，由于资金利率下降，居民和企业也有动力将闲置资金从银行取出转投金融市场，股票价格因此上涨。

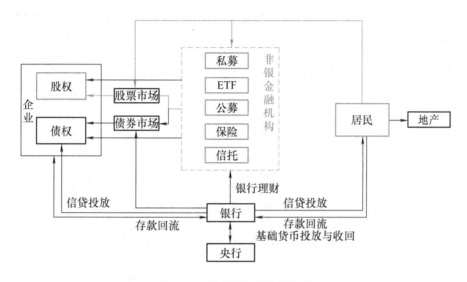

图2-17　货币政策的传导路径

然而，虽然逻辑上宏观流动性与股市微观资金供求存在着因果关系，但是在实际投资中，由于中间的传导链条太长，干扰因素太多，宏观政策的变动与股市微观资金的变动并不完全是一一对应的关系，两者在节奏、幅度甚至方向上都会出现一定的偏差。鉴于微观资金面与股市涨跌的关系更为直接，微观资金的供求关系变化往往是策略分析师跟踪的重点。

那么微观流动性源自何处？资金从央行出发，到达股市的途径多种多样，因此从股市的投资者结构看，股市的持有者也多种多样，既包括企业和居民，也包括资产管理机构，还包括海外的投资者。具体到我国来看，投资者结构中机构投资者占比较低，股市资金大多来源于居民。比如2014

年全年股市资金面流入项合计为2.6万亿元,其中居民项(银证转账+认购公募基金)为7000亿元,占比近1/3,2015年这一比例为55%,2019年和2020年分别约为40%和60%,居民项均为绝对的大头。与此同时,近年来居民入市的方式也在改变,以往居民喜欢自己炒股,如2012~2015年牛市中银证转账与购买公募基金规模的比例约为3:1,但是2019~2020年底的数据显示居民更偏好购买基金,在此期间银证转账与购买公募基金的比例为1:1.5(如图2-18所示)。

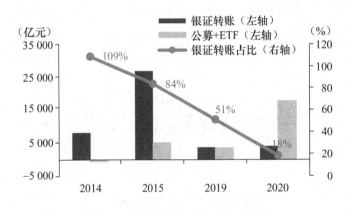

图2-18 历年居民两种方式入市规模

资料来源:Wind。

从定量角度出发,可以从流入流出两个方向对每个主体的资金规模进行测算。

流入股市的资金主要有4个来源:散户资金(用客户交易结算资金余额来测算)、杠杆资金(统计场内的融资余额)、国内机构资金(包括基金、保险、社保等,其中公募基金用基金份额、净值和仓位来估算,而私募基金、券商资管和保险类资金通过持股市值变化估算)、境外资金(包括QFII、RQFII与陆港通,其中境外资金高频数据用陆股通每日净买入来监测,低频数据用央行公布的境外机构和个人持有境内股票金额来衡量)。

流出股市的资金主要有 3 个去向：IPO 融资、产业资本净减持（通过公司股东二级市场交易明细进行计算）、交易费用（融资费用、印花税和其他交易手续费，其中印花税与其他交易手续费分别从交易额中抽取 1‰）。

此外，定增资金退出的主要渠道就是产业资本减持，因此不做单独统计。总体上，如散户资金、陆股通资金等有直接统计资金变量数据的项目，使用相应公开数据，而如券商资管、保险类资金等没有直接资金数据的项目，则用持股市值变化来近似估算入场资金规模。

微观流动性与宏观流动性的关系

前文提到宏观流动性与股市微观资金供求在节奏、幅度甚至方向上都会出现一定的偏差。具体来看，通过测算历史上每轮牛市微观资金面的情况，可以发现宏观政策的变动与股市微观资金的变动并不完全对应，宏观流动性在时间上的拐点领先于股市拐点，微观流动性则在节奏上与股市拐点一致，对股市影响也更为直接：

- 2005 年 6 月～2007 年 10 月牛市期间，宏观流动性从 2006 年 7 月起开始收紧，存款准备金率和一年期定期存款利率均从 2006 年 7 月开始上升，但微观资金依然加速进场。以公募基金为例，股票型基金与混合型基金在 2006 年 8 月～2007 年 10 月期间的月均份额增加量约为 985 亿份，远高于加息前（2006 年 1～7 月）的 50 亿份（如图 2-19 所示），宏观流动性收紧后持续涌入的资金推动上证综指继续走牛至 2007 年 10 月 6 日的 6124 点。

- 2008 年 10 月～2010 年 11 月牛市期间，央行从 2008 年 9 月开始降准降息，之后宏观流动性一直到 2010 年 1 月开始收紧（标志是央行2010年1月开始升准,2010年10月开始加息)。但是这并未影响到微观资金面,股票型基金与混合型基金在2008年10月~2009年12月以及2010年1月升准后至11月中小板指见顶的两个期间内的月均份额增加量分别约为55亿份和99亿份(如图2-19所示)。

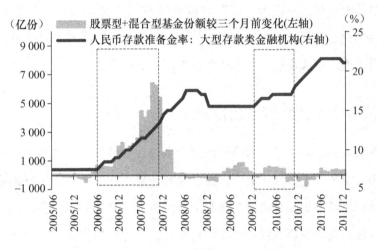

图2-19 宏观流动性和微观资金面变动并不一致

资料来源:Wind。

▶ 2012年12月~2015年6月牛市期间,央行2014年10月开始降息,2015年2月开始降准,到2015年6月整体宏观流动性均较为宽松。但2015年6月起资金面出现了很大变化。6月中旬证监会要求券商清理场外配资相关业务,大规模去杠杆破坏了股市微观流动性,2015年6月、7月融资余额流出超过7000亿元(如图2-20所示),市场因大量资金出逃而出现了流动性枯竭,大面积个股出现跌停,6月15日~7月8日,上证综指和创业板指最大跌幅达35%、43%。这轮牛市见顶前宏观流动性大环境整体较为宽裕，但是针对场外配资的监管直接破坏了股市的微观资金面，市场因此见顶回落，可见股市对于微观流动性环境的变化更加敏感。

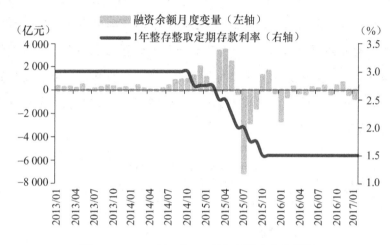

图 2-20　2015 年 6 月、7 月杠杆资金变化情况

资料来源：Wind。

不同行情背景资金流入股市的特征

虽然微观资金面和宏观流动性并不一致，但并不代表微观资金面完全不可预测，实际上，通过对历史市场行情进行回顾，可以发现在特定市场行情下微观资金面呈现出一定的规律：

从自然年角度看，资金在上涨年份流入，下跌年份流出。根据前述口径测算历年股市资金面的情况，然后将资金特征与上证综指历年涨幅做对比，可以发现资金流入与股市涨跌正相关，2014～2019 年每年资金流入（与上证综指涨幅）分别为 22 032 亿（+53%）、48 241 亿（+9%）、-4130 亿（-12%）、2510 亿（+7%）、-13 255 亿（-25%）与 8459

亿元（+22%），其中2015年由于上半年牛市、下半年熊市，指数涨跌幅和资金面出现了较大差异。

将2015年这个特殊情况剔除后，用剩下五年指数涨跌幅与当年的资金规模做一个比值，可以大约得出上证综指每涨（跌）一个百分点对应400亿元资金流入（流出），或者说每千亿元资金的变动将带来指数2.5个百分点的变动（如图2-21所示）。当然，这种400亿元拉动1个百分点的对应关系并不是恒定不变的，在市场上涨的初期，少量资金即能撬动指数向上，而在牛市的中后期，由于整体股市市值较高，指数上涨1个百分点将需要更多的资金来推动。

图 2-21　上证综指年度涨跌与资金净流入

资料来源：Wind。

与上涨下跌年份的资金流入流出特征类似，在牛熊周期视角下，资金呈现牛市入、熊市出、震荡市紧平衡的规律。用上证综指刻画，1990年以来A股已经经历了五轮牛熊周期，2019年1月4日进入第六轮牛市。资金面的数据自2012年起才有完整的指标，因此重点分析2012年以来，即第五、第六轮牛熊周期中股市资金面和行情的关系（如表2-2所示）。

表 2-2　牛熊周期中股市资金规模测算　　　　　　　　　（亿元）

项目	资金类型	2012/01~2012/12 震荡筑底	2012/12~2015/06 牛市	2015/06~2016/01 熊市	2016/01~2019/01 震荡筑底	2019/01~2020/12 牛市
资金流入	银证转账	-1 680	42 325	-3 771	-5 253	7 621
	融资余额变化	481	19 588	-11 374	-1 581	8 446
	公募+ETF基金	-229	13 096	-9 882	532	21 046
	私募证券基金		1 829	2 155	2 206	3 768
	基金专户	269	9 307	3 735	-3 698	-4 738
	银行理财	343	1 898	1 030	2 462	1 526
	券商资管	2 157	2 686	83	-2 183	2 537
	信托	793	14 057	-2 392	-6 641	989
	保险类	474	4 117	1 655	8 025	7 144
	外资		1 220	-313	5 510	5 183
	累计	2 609	110 122	-19 073	-622	53 521
资金流出	IPO	1 034	2 120	124	5 173	7 232
	产业资本减持	446	7 142	-2 779	1 610	8 439
	各项费税	673	6 418	3 095	8 552	9 165
	累计	2 153	15 680	440	15 336	24 836
资金净流入		456	94 442	-19 513	-15 958	28 685
月均净流入		38	3 173	-2 545	-447	1 184

资料来源：Wind，截至 2020/12/31。

- 第五轮牛市以创业板指刻画从 2012 年 12 月开始，以上证综指刻画从 2013 年 6 月开始，市场一路走牛直至 2015 年 6 月上证综指的 5178 点，2012 年 12 月~2015 年 6 月股市资金整体大幅净流入 9.5 万亿元，月均约 3200 亿元。

- 5178 点后，上证综指一路下跌至 2016 年 1 月 27 日的 2638 点，其间股市资金由前期的大幅流入转为大幅流出 1.9 万亿元，月均流出约

2500 亿元。

- 上证综指 2638 点至 2019 年 1 月 4 日的 2440 点，市场整体维持震荡格局，资金净流出 1.6 万亿元，月均净流出约 400 亿元。
- 上证综指 2019 年 1 月 4 日的 2440 点是第六轮牛市的起点，从资金面上看，2019 年初~2020 年底股市资金净流入 2.9 万亿元，月均流入约 1200 亿元。

如果将指数的涨跌幅与资金量做一个比值，2012 年 12 月~2015 年 6 月牛市中上证综指每上涨 1 个百分点对应约 700 亿元资金流入，2015 年 6 月~2016 年 1 月熊市中上证综指每下跌 1 个百分点对应约 400 亿元资金流出。

将牛市进一步分为孕育期、爆发期、泡沫期三个阶段，以此为基础回顾历次牛市中各个阶段资金面的特征，可以发现场外的增量资金在牛市孕育期尚在观望，在爆发期后期才开始入场，在泡沫期加速涌入。

以 2012~2015 年牛市为例，以创业板指来划分的牛市孕育期为 2012 年 12 月~2013 年 4 月，以上证综指来划分的孕育期为 2013 年 6 月~2014 年 3 月，统计 2012 年 12 月~2014 年 3 月的资金情况（如表 2-3 所示），其间银证转账资金月均净流入 200 亿元左右，散户并未大幅入场，股票型基金与混合型基金也未流入，月均资金流出 100 亿元，杠杆资金月均流入也只有 200 亿元。场外资金快速入场要等到爆发期后期，2012~2015 年牛市中的牛市爆发期和泡沫期对应的时间分别为 2014 年 3 月~2015 年 2 月与 2015 年 3 月~2015 年 6 月，银证转账在两个阶段的月均净流入分别为 700 亿元与 7600 亿元，股票型基金与混合型基金月均净流入分别为 60 亿元、3500 亿元。此外，2012~2015 年我国金融创新兴起，表现为场外结构化产品大量发行，场内杠杆资金迅速发展。场外的数据无法监测，场内杠杆资金看融资余额，融资余额在牛市后两个阶段分别月均增加 700 亿元、2200 亿元。

表 2-3 牛市各阶段股市资金规模测算 （亿元）

项目	资金类型	第五轮牛市			第六轮牛市	
		2012/12~ 2014/03 孕育期	2014/03~ 2015/02 爆发期	2015/02~ 2015/06 泡沫期	2019/01~ 2020/03 孕育期	2020/03~ 2020/12 爆发期
资金流入	银证转账	3 272	8 144	30 909	6 321	1 300
	融资余额变化	3 070	7 596	8 922	2 984	5 449
	公募+ETF 基金	-1 922	629	14 389	7 882	13 164
	私募证券基金		173	1 656	1 490	2 278
	基金专户	764	5 502	3 041	-3 801	-936
	银行理财	725	702	471	726	800
	券商资管	1 190	815	681	1 887	650
	信托	1 446	2 764	9 847	-589	1 578
	保险类	1 106	1 697	1 313	4 577	2 685
	外资	488	956	263	3 638	1 919
	累计	10 139	28 979	71 493	25 115	28 886
资金流出	IPO	221	699	1 200	3 319	3 913
	产业资本减持	1 291	1 943	3 909	3 272	5 167
	各项费税	1 430	2 138	2 849	4 502	4 642
	累计	2 942	4 781	7 958	11 092	13 723
资金净流入		7 197	24 198	63 535	14 023	15 163
月均净流入		475	2 174	15 623	923	1 654

资料来源：Wind，截至 2020/12/31。

同样的规律也在 2005~2007 年以及 2008~2010 年的牛市中出现，由于当时资金面指标尚不完整，用别的指标进行替代，结果表明资金面的特征在这两年较早的牛市中依旧存在：

▶ 2005 年 6 月~2007 年 10 月牛市中资金在第一阶段并未大量入场，

在第二阶段后期入场。这轮牛市的第一阶段是 2005 年 6 月~2005 年 12 月，其间可以跟踪到公募基金的资金入场情况。公募基金方面，用股票型基金与混合型基金的份额来衡量基金的规模状况，2005 年 6 月~2005 年 12 月两大基金的份额从 2590 亿份上升到 2610 亿份，变动 20 亿份，增幅不到 1%。第二、三阶段分别是 2006 年 1 月~2007 年 3 月与 2007 年 3 月~2007 年 10 月，这两个阶段股票型基金与混合型基金的份额先从第一阶段末的 2610 亿份上升到第二阶段末的 7180 亿份，再进一步上升至第三阶段末的 17 960 亿份，第二、三阶段月均增加 300 亿份、1350 亿份，增速在第二阶段后期开始提升。

▶ 2008 年 10 月~2010 年 11 月牛市中资金在第一阶段小幅流出，在第二阶段入场。这轮牛市的第一阶段是 2008 年 10 月~2008 年 12 月，其间同样可以跟踪到公募基金的资金入场情况。第一阶段股票型基金与混合型基金份额从 19 400 亿份小幅下降到 19 030 亿份，因此 2008 年牛市第一阶段场外资金并未进场。这轮牛市的第二、三阶段分别是 2009 年 1 月~2009 年 11 月与 2009 年 11 月~2010 年 11 月，资金主要在第二阶段开始入场。两个阶段股票型基金与混合型基金份额从第一阶段末的 19 030 亿份上升到第二阶段末的 20 460 亿份，再进一步上升至第三阶段末的 21 290 亿份，第二、三阶段月均增加 130 亿份、70 亿份。

资金端分析一：居民资金

前文分析过，进入股市的资金有四个主要的来源：居民、公募、险资、外资，接下来对资金的来源逐一展开分析，本节对居民这一资金端的特征进行分析。

我国居民资产配置现状

1998年商品房改革以来，我国居民住房需求集中释放，资金不断流入房地产市场。过去我国居民对房屋资产的偏好源于两方面因素：一是人口周期变迁，背景是我国25~39岁住房刚需人群处于高峰，2001年占比达到27.7%，此后小幅下滑，基本保持在25%左右。从人口年龄平均数来看，根据联合国的测算，2000年我国人口的平均年龄为31岁，到了2020年，根据第七次人口普查数据，我国人口的平均年龄为38.8岁。二是宏观政策调整，加速城镇化和商品房改革为房地产发展创造了条件。自1996年起我国城镇化率加速提升，1996~2010年每年提高2~4个百分点，之后仍然保持年均2个百分点左右的上升，从1996年的30.5%持续升至2019年的60.6%。1998年7月国务院发布《关于进一步深化城镇住房制度改革加快住房建设的通知》，全面结束住房实物分配。2003年国务院发布《国务院关于促进房地产市场持续健康发展的通知》，开启了房地产市场化的进程，商品房销售维持了多年的高速增长，2000~2010年我国商品房销售面积年化增速为22.1%。

过去二十年，在房地产作为主导产业发展迅速的背景下，我国居民资产配置明显重房产轻权益。央行于2019年10月中下旬在全国30个省（自治区、直辖市）对3万余户城镇居民家庭开展了资产负债情况调查，并发布了《2019年中国城镇居民家庭资产负债情况调查》。报告指出，我国居民家庭资产以实物资产为主，而实物资产以住房为主，住房占家庭总资产的比重为59.1%，比美国居民家庭高28.5个百分点。从住房普及率上看，我国城镇居民家庭的住房拥有率为96.0%，高出美国32.3个百分点，户均拥有住房1.5套。除了实物资产以外，我国居民家庭总资产中还有20%的金融资产。金融资产以无风险资产和刚兑产品为主，两者占比超过70%

(银行理财等资管产品占26.6%,银行活期、定期存款占39.1%,公积金占8.3%),股票和基金占金融资产的比重只有10%,占家庭总资产的比重只有2%。

对比海外,横向比较下我国居民配置住房的力度明显偏高,配置权益类资产的力度很低。2019年美国居民配置权益类资产的比例为35%,住房为24%;欧元区为8%、35%;日本2018年的数据为9%、24%(如图2-22所示)。

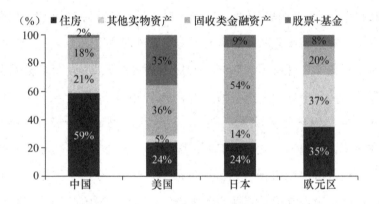

图2-22　2019年各国居民资产配置横向对比

注:日本为2018年数据。
资料来源:中国人民银行,Wind。

实际上,我国居民过去二十年对权益的配置力度一直很低。根据社科院的统计,房产在我国居民资产中的配置比例一直稳定在60%附近,固收类(存款、债券等)约为35%,权益类(股票、偏股型基金等)长期只有不到5%(如图2-23所示)。

从长时间序列看,其实美国也曾出现过居民低配权益的现象。美国居民在20世纪80年代以前对权益类资产的配置力度逐年下降,直至1984年美国居民对股票和基金的配置力度仅为24%,与房地产配置比例相比低了

10个百分点。此后居民对权益的配置力度才开始趋势性上升，居民资产配置中权益占比从24%上升到2000年的36%（如图2-24所示），如本章第一节"长视角看，大类资产中股票最优"所述，背后的原因是产业结构和制度因素的叠加影响使得美国居民增配权益。

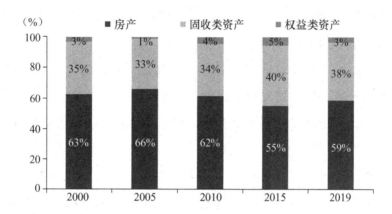

图2-23 中国居民资产配置变化情况

资料来源：社科院，Wind。

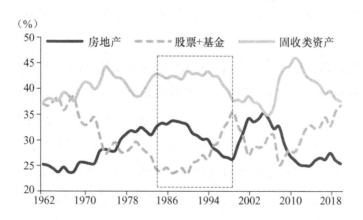

图2-24 美国居民历年大类资产配置情况

资料来源：Wind。

居民增配权益资产的时代已来

"长视角看,大类资产中股票最优"中分析过,类似20世纪80年代的美国,我国居民资产配置结构也有望发生变化,即未来居民会多配一些权益类资产,少配一些房产。其实,站在当前视角下,我国居民的资产配置方向已经开始向权益倾斜。

如前文所述,过去20年,我国人口年龄结构的变化和政策的宽松促使房地产业蓬勃发展。但是目前我国人口的平均年龄正在不断上升,人均住房面积也已经达到中等水平。此外,我国的城镇化率在2020年已经达到64%,同期美国为82%,韩国为81%,德国为77%,意大利为71%,世界平均为56%,可见我国城镇化率已排在世界中上游水平。未来随着人口平均年龄的持续上升和城镇化的放缓,我国居民对住房的需求也将减少。观察过去20年我国商品房的销售面积同比增速,可以发现2000~2010年商品房销售面积同比增速的均值为22%,而2010年后降至6%,商品房交易增速的中枢正在系统性下移(如图2-25所示)。

展望未来,过往持续流入房市的居民资金有望转向股市。居民投资股市有两种途径,一是通过购买股票直接投资股市,二是通过购买基金、养老金等产品,由机构投资者代表他们进入股市。在美国,居民除了自己参与股市的投资外,也通过购买基金、养老金等方式间接进入股市,而我国居民以往主要是自己炒股,2019年以来开始通过买基金间接入市。随着市场的逐步成熟以及长线资金的引入,未来我国居民入市的方式也将向美国靠拢。2020年我国居民储蓄、理财等现金类资产合计大约100万亿元,而2020年A股总市值为82万亿元,自由流通市值34万亿元,居民资产将是股市中不可忽视的一股力量。

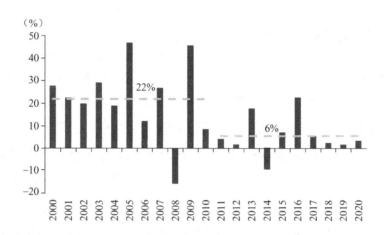

图 2-25　商品房销售面积同比增速

资料来源：Wind。

其实最近两年居民配置型力量进入股市已有迹象，2019～2020 年入市居民资金占股市资金总流入项的比重约为 70%，而 2014～2018 年这一比重低于 50%，居民入市资金量明显加大。而且这次居民入市主要依靠基金，2019～2020 年居民入市资金的 70% 来源于基金，而 2014～2015 年这一比例只有 15%。居民借道机构投资者入市，叠加过去几年养老金等保险类资金均在提升权益投资比例，A 股中来自居民配置型资金的力量在不断壮大。

资金端分析二：公募基金

前文分析了居民资金的影响因素和未来配置的趋势，接下来进入资金端的第二大来源分析，即公募基金。公募基金的分析主要从两个角度切入：对基金份额的分析，对基金股票配置比例（即俗称的仓位）的分析。

基金的"百亿魔咒"和"88魔咒"真存在？

公募基金是 A 股市场中的重要参与者，市场上常见与之相关的担忧和"魔咒"。例如部分投资者担忧天量基金发行是市场见顶的信号，即俗称的"百亿魔咒"，逻辑是把百亿基金的发行视作情绪指标，出现募集超百亿的基金意味着投资者情绪高涨，市场可能已经到达顶部区域，有见顶回落的风险。

然而，回顾历史上百亿基金出现的时点和对应的上证综指位置，可以发现百亿基金的出现既有可能是对顶点的预言，也有可能是上涨行情启动的号角：统计 2005～2020 年基金募集破百亿的时点，其中 2007 年 6 月～2007 年 8 月、2009 年 7 月～2009 年 12 月、2015 年 3 月～2015 年 6 月均在上证综指的顶点附近，而 2006 年 5 月～2006 年 12 月、2018 年 8 月～2018 年 11 月、2020 年 1 月～2020 年 3 月则对应上证综指的阶段性低点附近（如图 2-26 所示）。因此，百亿基金发行并不能说明市场见顶压力凸显。从逻辑上讲，情绪指标到达高点时并不一定会立刻均值回归，也有可能顺着趋势迈向极端，因此单凭百亿基金发行实际上难以预测市场未来的方向。

另一个常见的担忧则是"88 魔咒"，即股票型基金的持股仓位超过 88% 时，市场因为后继资金无力而见顶。回顾历史，2009 年 7 月、2010 年 11 月、2015 年 5 月普通股票型基金仓位达到了 88%，而随后 2～4 个月市场均从各自的阶段性高点回落（如图 2-27 所示）。

那么未来基金的高仓位会意味着市场再次见顶吗？恐怕不会，市场的生态已经慢慢发生变化。计算 2007 年至今各季度股票型基金仓位最大值和最小值的差，可以发现 2018 年以前这个仓位极值差平均为 4.7%，而 2018 年 Q1～2020 年 Q4 只有 2.3%（如图 2-28 所示），仓位波动有收敛趋势，即 2018~2020 年公募基金逐渐放弃了对仓位的大幅调整，这也意味着历史规律在 2018 年后将不再适用。

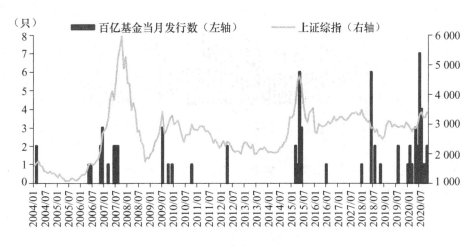

图 2-26　百亿基金出现时点与上证综指走势

资料来源：Wind。

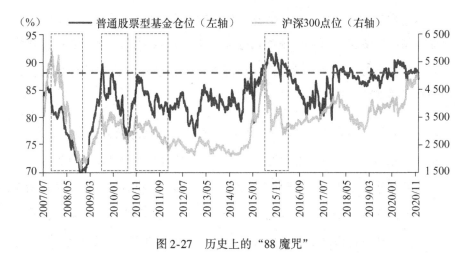

图 2-27　历史上的"88 魔咒"

资料来源：Wind。

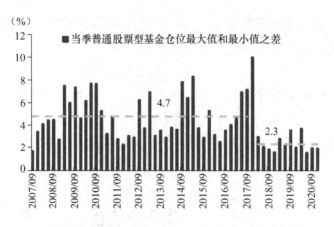

图 2-28　各季度股票型基金仓位最大值和最小值的差

资料来源：Wind。

"赎旧迎新"和新基金建仓如何影响资金入市节奏？

除了关于市场顶部的担忧，部分投资者还担忧天量基金发行的背后实际只是"赎旧迎新"，即投资者为了申购爆款新基金（当季发行的基金）将原本持有的老基金（前一季度已存在的基金）赎回，增量资金入场并没有发行情况看起来那么乐观。然而实际上，用基金业协会和基金季报披露的数据进行测算，可以得出两个有意思的结论：

▶ 基金赎回是常态，老基金总是净赎回的。选择偏股型基金（股票型、偏股混合型、灵活配置型）作为样本，用基金季报披露的 2004～2020 年的季度数据进行申购和赎回情况的测算后，可以发现老基金长期来看总是净赎回的，尤其是 2008 年之后，老基金作为一个整体，几乎没有出现过被净申购的情况（除了 2015 年上半年）。换言之，如果基金公司不持续地推出新基金吸引投资者申购，那么管理规模就会持续地缩水。平均来看，2008～2020 年，老基金平均每个季度被净赎回

700亿份，新基金平均每个季度新发行1000亿份（如图2-29所示）。

▶ 新基金建仓节奏：牛市快熊市慢。此外，新基金建仓有一个过程，从募集资金到投入股市大概要多久？2004年中国证券监督管理委员会在《证券投资基金运作管理办法》中提出"基金管理人应当自基金合同生效之日起六个月内使基金的投资组合比例符合基金合同的有关约定"，即基金建仓完成的最长期限为六个月。但这只规定了最长的时限，真实的建仓期要多久需要用基金季报做测算。

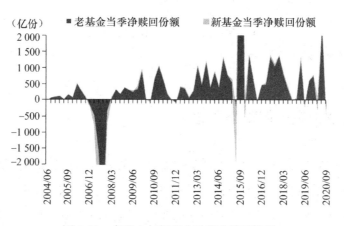

图2-29 老基金与新基金季度净赎回情况

注：正数代表净赎回，负数代表净申购。
资料来源：Wind。

用基金成立所在季度的季报披露的仓位水平除以成立日和季报披露日之间的交易日天数，得到基金的日均建仓值，并由此根据基金产品设立时规定的仓位反推出所需的建仓时长。综合来看，偏股型新基金建仓的节奏大约为每个交易日1.3个百分点，其中熊市建仓略慢，大约每个交易日1个百分点，牛市略快，为2个百分点（如图2-30所示）。假设基金仓位的下限为80%，以牛市中平均每个交易日建仓2个百分点计算，一只新基金建仓完成大约需要40个交易日，即大概2个月。

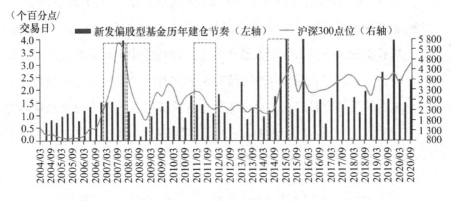

图 2-30　历年偏股型基金建仓节奏

资料来源：Wind。

资金端分析三：保险类资金

前文已对资金端中的居民资金和公募基金进行了分析，本节主要介绍保险类资金的特征。截至 2020 年底，保险类资金在 A 股中的规模仅次于公募基金和外资，同样是长线资金的代表，保险类资金的分类、来源、规模特征、发展趋势等值得深入分析。

我国保险类资金规模有多大？

我国保险类资金可分为四大类：

- 基本养老保险及社会保障基金（简称社保基金）。它们是我国养老金体系的第一支柱。我国的基本养老保险分为城乡居民基本养老保险和城镇职工基本养老保险，两者由国家出资满足全民的基本养老需求，2020 年底规模总计约为 6.4 万亿元。社保基金为我国独有，主要用于人口老龄化高峰时期的基本养老保险等社会保障支出的补充、调剂,由中央财政预算拨款、国有资本划转、基金投资收益和以国务院批准的其他方式筹集的资金构成。社保基金由社保基金理事会管理,基金规模截至 2020 年底约为 2.5 万亿元。

- 年金。我国的年金分为企业年金与职业年金,由企事业单位与个人共同出资,目的是解决养老问题,是我国养老金体系的第二支柱,其中企业年金基金 2020 年底累计结余为 2.2 万亿元,职业年金的测算规模约为 1.3 万亿元,两者合计约为 3.5 万亿元。
- 个人购买的商业养老保险。商业养老保险主要指居民从保险公司购买的寿险,是我国养老金体系的第三支柱。第三支柱的养老产品完全由个人自主出资,测算规模在 4000 亿元左右。综合来看,养老金三大支柱加起来约为 13 万亿元(如图 2-31 所示),占名义 GDP 的比重约为 13%(如图 2-32 所示)。

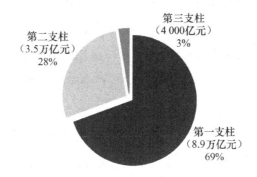

图 2-31　2020 年中国养老金三大支柱规模和比重

资料来源:Wind。

- 商业保险资金运用余额(即保险资金)。商业保险资金运用余额指的是保险公司手中能自主投资的资金额,资金来源于保费收入、理赔支出、业务及管理费支出以及风险准备金。保险公司除了有寿险外,还有健康险、意外险、财险等业务。从商业保险资金运用余额中剔除商业养老保险后，2020年底除了商业养老保险以外的商业保险资金运用余额为22万亿元。

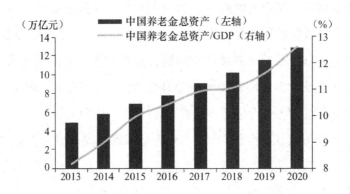

图2-32 中国养老金总资产占GDP比重

资料来源：Wind。

将养老金三大支柱与保险资金统称为保险类资金，规模合计35万亿元，占名义GDP的比重约为34%。我国保险类资金入市规模较小，截至2021年Q1保险类资金持股规模占A股流通市值的比重为4.1%，占自由流通市值的比重为5.2%，自由流通市值口径下保险类资金的占比低于公募基金的14%与外资的9.8%。

我国养老金规模占GDP 13%的比重与其他各国相比其实很低。经济合作与发展组织（OECD）统计了其36个成员国养老金的情况，截至2019年底，成员国养老金占GDP的比重平均为55%，典型的如丹麦220%、瑞典100%、爱尔兰38%、新西兰31%。以美国为例，美国的养老金占GDP的比重为164%，其保险资金也如中国一样可以分为四类：

▶ 联邦养老保险计划（OASDI）。OASDI是由美国政府主导的基本养老保险制度，是美国养老金体系的第一支柱，截至2020年底OASDI规模达3万亿美元。

- DB[一]计划和以 401（K）为代表的 DC[二]计划。DB 计划与 DC 计划均为由雇主发起的养老金计划，是美国养老金体系的第二支柱。在 20 世纪 80 年代以前，美国的雇主计划以 DB 计划为主，由雇主承担资金的投资风险，雇员在退休后获得雇主承诺的固定收入。但是随着时间推移，DB 计划使许多企业不堪重负，DC 计划开始逐步替代 DB 计划。而 DC 计划中的 401（K）计划因政府给予税收优惠而大受欢迎。根据美联储的统计，截至 2020 年底，各类 DB 与 DC 计划合计规模达 20 万亿美元。

- IRAs[三]计划和年金计划。它们是美国养老金体系的第三支柱。IRAs 计划是美国联邦政府提供税收优惠、个人自愿参与的个人补充养老金计划，始建于 20 世纪 70 年代。为鼓励个人储蓄养老的发展，政府对个人开设退休账户允许缴费免税（普通 IRAs 计划）或投资收益免税（罗斯 IRAs 计划）。此外，美国居民还可自行购买年金产品。截至 2020 年底，IRAs 规模为 12 万亿美元，年金规模为 2.5 万亿美元，两者合计规模为 14.5 万亿美元。第一支柱的 OASDI，第二支柱的 DB 计划、DC 计划以及第三支柱的 IRAs 计划、年金计划共同构成了美国的养老金体系，三者合计资产规模 37.5 万亿美元（如图 2-33 所示），占 GDP 的比重为 180%（如图 2-34 所示）。

- 商业保险公司资金。截至 2020 年底，美国寿险公司金融资产为 9.3 万亿美元，剔除掉第三支柱重复的部分后余下的规模为 4 万亿美元，财险公司总计 2.9 万亿美元，两者合计 6.7 万亿美元。综合来

[一] 即收益确定型（defined benefit）。
[二] 即缴费确定型（defined contribution）。
[三] 即个人退休金账户（individual retirement accounts）。

看，美国保险和养老金三大支柱规模合计约44万亿美元，占GDP的比重约为212%。

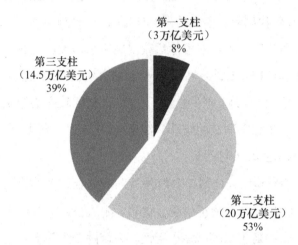

图2-33 美国养老金三大支柱规模和比重（2020年）

资料来源：Wind。

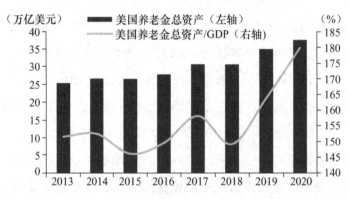

图2-34 美国养老金总资产占GDP比重

资料来源：Wind。

相比海外，我国险资配置权益比例很低

如前所述，截至2020年底，我国养老金资产合计有13万亿元，算上

商业保险运用余额后险资合计规模高达 35 万亿元，如此大规模的险资，入市的有多少？经过测算，我国险资综合持股比例低于 10%（如图 2-35 所示），具体来看：

- 第一支柱入市比例约为 8%。社保基金的股票投资比例没有直接公布，通过社保基金每年年中左右公布的财报进行推算，2019 年社保总资产中交易型金融资产、可供出售金融资产以及持有到期金融资产三者占总资产的比例合计为 87%，再根据当年利润表中的利息收入和国债利率反推出债券规模，在三类金融资产中扣掉这部分债券后，余下的股票等其他金融资产比例在 25%～35% 的范围内。基本养老金方面，截至 2019 年底各省区市委托社保基金会管理基本养老保险基金超 1 万亿元，委托比例占总基本养老金总额的 15%。对于这部分委托的资金，测算方法同社保基金的测算，基本养老金入市的比重在 10%～20% 之间，考虑到还有 5 万亿元没有委托，整体养老金入市的比例约为 3%。综合测算，我国第一支柱入市比例约为 8%。

- 第二支柱入市比例约为 8%。企业年金没有公布其入市的比例，用专门对接企业年金的养老金产品来进行估算，2020 年企业年金养老金产品中股票型产品规模占比为 8%，混合型为 20%，债券型为 3%，货币型为 50%，非标为 19%。考虑到企业年金投资偏向保守，混合型产品应该更偏向债券，综合来看，企业年金持股比例应该不到 10%。职业年金方面，2020 年底除西藏外，全国 30 个省（自治区、直辖市）启动职业年金基金市场化投资运营，但整体仍处在起步阶段。因此假设企业年金入市比例为 10%，职业年金为 5%，整个第二支柱入市的比例大约为 8%。

- 此外，我国养老金体系中代表第三支柱的商业养老保险、养老目标基金以及个税递延养老保险等产品由于规模极低且数据不透明，因此在本文中不进行测算。

▶ 商业保险资金运用余额的大类资产配置情况由银保监会每月公布。整体来看，截至 2020 年底，商业保险资金运用余额中股票和证券投资基金占比约 13%，考虑到基金并非全是纯股型基金，商业保险资金运用余额入市比例大约在 10%。

我国保险类资金持股比例低于 10%，这在国际上是一个什么样的水平？OECD 对各国养老金和保险公司资金的资产配置做了统计，综合来看，OECD 中 32 个成员国养老金配置股票的比例平均为 27%（股票＋基金为 34%），因此我国保险类资金的入市比例明显偏低。本文以数据较为齐全的美国进行分析（如图 2-35 所示）：

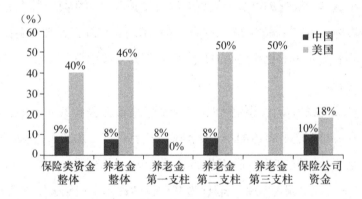

图 2-35　2020 年中美保险类资金配置股票比例对比

注："养老金第一支柱"为 2019 年数据。
资料来源：美联储，ICI，Wind，人社部。

▶ 第一支柱并未入市。美国养老金第一支柱 OASDI 属于强制性退休保障计划。出于资金安全性、流动性、政治公平性等因素的考虑，OASDI 采用非市场化的管理方式，根据规定只能投资于联邦政府为社保基金特别发行的不上市流通的特种国债,不可投资股票等其他资产。

▶ 第二支柱入市比例约为 50%。第二支柱中 DB 和 DC 计划的大类资产配置情况非常接近,根据美联储与 ICI 的数据综合统计,截至 2020 年底美国第二支柱资金整体配置股票的比例为 57%,债券为 35%,现金和存款为 2%,非标资产为 6%。

▶ 第三支柱入市比例约为 50%。由于年金没有详细数据,以规模占比 75% 的 IRAs 的资产配置情况来代表第三支柱的配置情况。根据 ICI 的统计,2020 年 IRAs 的资产 45% 投向了共同基金,45% 投向了证券公司及其他,10% 投向了银行和寿险公司。IRAs 投资的共同基金中 56% 是股票型基金,20% 是混合型基金,24% 是债券及货币基金。假设 IRAs 投入证券公司的资金有一半进入了股市,混合型基金有一半资产配置在股市,则整体看 IRAs 资产配置股票的比例约为 50%。将养老金的三大支柱合并计算,美国养老金入市比例为 46%。

▶ 保险公司资金入市比例约为 18%。根据美联储的统计,美国保险公司金融资产分为财险公司资金、寿险公司一般账户资金和寿险公司独立账户资金。寿险公司一般账户资金源于保障性寿险产品,而独立账户资金源于追求投资收益率的产品,这种差异造成两类账户的大类资产配置的差异:独立账户在股票和基金上的配置比例为 77%,而一般账户该比例只有 2%。将寿险的两类账户与财险资金合并计算,2019 年保险公司资金配置债券的比例为 50%,基金为 16%,股票为 11%,非标为 19%,其他为 4%,假设基金中有一半投向股市,则保险公司资金入市比例为 18%。

资金端分析四：境外资金

在介绍完资金端的前三大来源后，本节分析资金端的最后一大来源：外资。过去几年，我国金融市场对外开放的步伐不断加快，A股国际化的趋势正在加速到来，随着外资机构投资者的不断增多，外资对A股的影响也在不断加大。本节将探讨A股中外资的规模和特征，外资投资A股的行业及个股偏好等问题。

A股中外资的力量有多大？

最近几年，外资在市场中受到越来越多的关注。根据央行统计数据，截至2021年Q1，境外机构和个人持有A股的市值为3.4万亿元，较2013年底的3500亿元已经增长了近9倍，外资流入A股的规模和速度都引人注目。

A股引入外资从2003年启动QFII制度开始，此后为加快引进QFII的步伐，扩大港澳地区投资沪深股市的实际规模，2011年我国又推出RQFII制度。之后，为了进一步加大我国资本市场对外开放程度，我国在2014年11月与2016年12月先后推出沪股通与深港通，又在2019年6月开通沪伦通。我国对外开放的成绩也得到了国际投资者的认可，各大指数相继将A股纳入其指数体系：MSCI从2018年6月开始将A股纳入MSCI新兴市场指数，至2019年11月纳入因子已经提升至20%；FTSE指数体系从2019年6月开始纳入A股，至2020年3月纳入因子也已经提升至20%；标普指数体系则将A股的纳入因子于2019年9月调整至25%。

随着A股开放程度不断加大，外资进入A股的节奏也在加快，经过测算，2014～2016年外资每年净流入约在1000亿元，而2017～2020年净流入分别是2300亿元、3400亿元、3800亿元、2100亿元。从成分来看，近年来流入A股的外资多为陆股通北上资金，从QFII、RQFII渠道进来的不多，2013年以前外资只能通过QFII、RQFII进入，而截至2021年Q1，陆股通北上资金持股市值规模已经上升至约2.4万亿元，QFII、RQFII只有2500亿元。整体来看，外资在A股自由流通市值中的占比已从2013年的3.8%上升到2021年Q1的9.8%（如图2-36所示），成为仅次于公募基金的第二大机构投资者。

图2-36 北上资金流入情况与外资在A股中的持股市值占比

资料来源：Wind。

展望未来，外资流入A股是确定性较大的长期趋势，背后的核心因素有二。

一是配置因素，即外资"想"配置A股。从基本面上看，我国经济在全球的重要性于过去几十年迅速提升。根据国家统计局发布的《国际地位显著提高国际影响力持续增强》，1961~1978年，中国对世界经济增长的年均贡献率仅为1.1%。1979~2012年，中国对世界经济增长的年均贡献率达到15.9%，仅次于美国，位居世界第二位。而2013~2020年，中国对世界经济增长的年均贡献率更是达到 30% 左右，居世界第一位。因此 A 股基本面长期向好会吸引外资配置 A 股。从外资构建投资组合这一角度看，A 股与全球股市相关性低，在组合中纳入 A 股可以降低组合的风险。经测算，2009~2014 年 A 股与各股指的相关系数为 0.24~0.43，而各股指两两间的相关系数自 2009 年至 2020 年大多在 0.9 左右（如图 2-37 所示）。以全球债券指数和股票指数作为标的资产（样本时间区间为 2009 年至今），通过调整两者权重的差异，构建出的最佳组合年化收益率为 4.6%，收益率/标准差为 1.40。当把 A 股也纳入后，最佳组合的年化收益率上升至 4.7%，收益率/标准差上升至 1.43。

相关系数	MSCI 全球	MSCI 美国	MSCI 发达市场	MSCI 新兴市场
万得全A 2009~2014	0.28	0.24	0.25	0.43
万得全A 2015~2020	0.52	0.47	0.50	0.58
MSCI 全球	1.00	0.97	1.00	0.86
MSCI 美国		1.00	0.98	0.79
MSCI 发达市场			1.00	0.82
MSCI 新兴市场				1.00

图 2-37　国际股市之间的相关系数

资料来源：Wind。

二是制度因素，即外资"能"配置 A 股。虽然 A 股对外开放不断加速，但是实际上我国股市对外开放还处在较为初级的阶段：横向比较，总市值口径下 2021 年 Q1 A 股外资占比 6.2%，英国为 55%，韩国为 34%，日本为 29%，巴西为 21%，美国为 15%；纵向比较，2020 年 A 股市值占全球上市公司总市值的比重为 10%，但是 A 股在 MSCI ACWI 全球市场指数中仅占 0.5%，外资流入 A 股还有很大的空间。

外资如何择股？

鉴于外资在A股市场的影响力不断增加，有必要对外资的投资行为进行讨论。

统计中外资机构投资者各自持股中的前20大重仓股后可以发现：内外资均偏好龙头股，各个行业的龙头同时出现在了QFII、陆股通北上资金与公募基金前20大重仓股中，如白电龙头美的集团、格力电器，白酒龙头贵州茅台、五粮液，保险龙头中国平安，饮料龙头伊利股份，电子龙头海康威视。

但是通过统计在各行业市值最大的公司上的持股市值占在该行业整体上的持股市值的比重，可以发现相比于内资，外资对龙头股的投资更加集中。例如QFII 2021年Q1在美的集团和恒瑞医药上的持股市值占在家电和医药行业上的持股总市值的比重分别为52%、21%，陆股通北上资金对应比重为46%、22%，均高于主动偏股型基金的46%、7%。此外，从整体的持股集中度来看，QFII2021年Q1在前10大重仓股上的持股市值占总持股市值的比重为49%，在前20大重仓股上的市值占比为61%；陆股通北上资金在前10大重仓股持股市值上的占比为32%，在前20大重仓股上的市值占比为43%。相比之下，代表内资的偏股型公募基金这两个比重仅为25%和36%，集中度远低于外资。

从行业层面来看，过去几年数据显示，消费白马是外资的配置重点。截至2020年，陆股通北上资金持股中53%为消费，13%为科技，14%为金融地产，21%为周期及其他。但是拉长一点时间看，QFII和陆股通北上资金也会进行行业轮动，消费白马并不是唯一的选择。分析QFII 2004年至2020年和陆股通北上资金2016年中至2020年的持仓情况，可以发现两个口径下的外资对行业的偏好均发生过变化，配置的核心是基本面：

▶ QFII 在 2005~2009 年、2012 年以后分别加大了对金融和消费的配置（如图 2-38 所示）。2005~2009 年 QFII 重仓股中金融地产的市值占比从最低的 8% 上升到 2009 年的 60%，背后的原因是金融股业绩大涨，金融板块归母净利润累计同比增速从 2004 年 Q4 最低的 20% 上升到 2007 年最高的 78%，然后回落至 2009 年 Q1 的 -11%，增速明显高于同期全部 A 股剔除金融后的利润增速。2012 年以后 QFII 加大了消费股的配置力度，持股中消费股的市值占比从 2012 年的 23% 上升到 2017 年最高的 53%，这源自 2011 年底中央经济工作会议指出的要"加快转变经济发展方式，牢牢把握扩大内需这一战略基点"，政策支持下消费股的业绩确定性更强，GDP 中第三产业占比也在 2012 年首度超过第二产业。

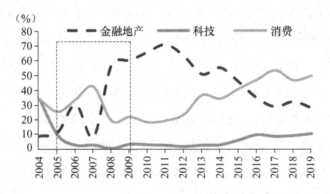

图 2-38　QFII 重仓股中各行业持股市值占比

资料来源：Wind。

▶ 陆股通北上资金在 2017 年加大了对科技股的配置力度（如图 2-39 所示），背后离不开科技龙头的业绩支持。2017 年全年陆股通北上资金流入 A 股约 2000 亿元，其中电子行业净流入约 300 亿元，排名第二。电子行业中外资流入最大的三只个股分别为海康威视

（220亿元）、京东方（17亿元）与大族激光（12亿元）。观察这些个股的业绩，海康威视2016年、2017年归母净利润同比增速分别为26.5%、26.8%，京东方A分别为15.1%、302%，大族激光分别为1%、120.8%，而2017年全部A股归母净利润同比增速为18%，沪深300为14.3%，这三只个股业绩明显较好。

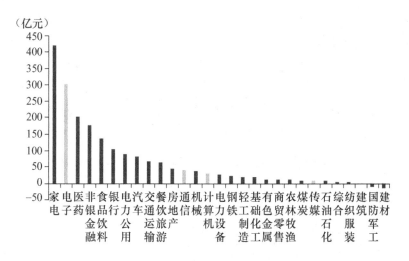

图2-39　2017年陆股通北上资金流入各行业规模

资料来源：Wind。

▶ 2020年疫情后，北上资金先将消费股的配置比例从2月的44%大幅增加至年中最高的49%，而将金融地产股的配置比例从20%大幅降低至15%。但是，2020年下半年至2021年4月，北上资金逐步增加了顺周期的制造业和能源与材料业（如图2-40所示），并降低了科技股和消费股的配置比例，背后的原因是进入2020年下半年后，国内疫情得到控制，且经济明确进入复苏期，因此顺周期的制造业和能源与材料业业绩改善较为明显。具体来看，制造业中机械设备和汽车的配置比例明显上升，从6月的2.8%升至2021年4月的

4.1%，汽车从2.2%升至2.9%，能源与材料板块中的化工从2.1%升至4.8%，钢铁行业从0.5%升至1.2%。

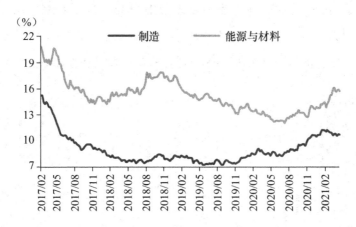

图2-40 制造业、能源与材料业的陆股通持股市值占比

资料来源：Wind。

| 第 3 章 |

研判盈利趋势

本章聚焦策略研究的第二个重要部分：企业盈利。投资大师格雷厄姆曾说过，"股市短期是投票机，而长期是称重机"。这意味着短期有些公司的股票价格与业绩关系不大，但是长期看两者走势趋于一致。也就是说，长期看股市投资回报来源于企业利润增长，所以企业的盈利状况是研究的基础。本章将聚焦企业盈利的分析，首先介绍企业盈利的基本分析框架，接着从净利润同比增速和ROE角度分析企业盈利与股价的关系，梳理跟踪和预测企业盈利趋势的指标，然后剖析微观盈利与宏观经济的关系，回顾美国和日本转型期宏观经济和微观盈利之间的分化特征，分析产业转型升级背景下哪些赛道业绩更优，以及龙头企业为何盈利更好等。

"盈"在起点：企业盈利分析框架

股市到底赚什么钱？回顾各国股市发展历程，短期看投资者能赚到估值的钱，但是长期看均值回归的趋势导致投资者没法赚到估值的钱，只能赚业绩的钱。所以，投资决策最重要的就是要做好盈利分析，本节将介绍关于企业盈利的分析框架。

盈利为何重要？

回顾历史，各个国家或地区的名义 GDP 年化涨幅与指数年化涨幅具有很强的相关性，即经济长期增长速度决定股市上涨高度。美国自 1929 年起的名义 GDP 年化涨幅和标普 500 年化涨幅分别为 6.1% 和 5.9%，中国内地自 1991 年起的名义 GDP 年化涨幅和上证综指年化涨幅分别为 14.5% 和 12.1%，韩国自 1980 年起的名义 GDP 年化涨幅和韩国综合指数年化涨幅分别为 10.5% 和 8.8%，中国香港自 1964 年起的名义 GDP 年化涨幅和恒生指数年化涨幅为 10.5% 和 10.7%，其他国家和地区也呈现出较强的相关性（如图 3-1 所示）。

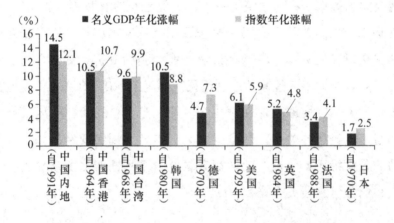

图 3-1　各个国家或地区名义 GDP 和主要指数年化涨幅

资料来源：Wind。

纵观美股百年历史，股价上涨主要源于盈利，估值波动对盈利贡献较小。根据《长赢投资》中的数据，1900～2009 年美股投机收益率平均值为

0.1%，投资收益率平均值为 9.5%，股市大部分收益来自盈利。从代表性指数角度看，若考虑股息分红，1970~2009 年标普 500 指数年化收益率为 10.7%，EPS 为 7.5%，股息分红为 2.9%，PE 为 0.3%；1993~2009 年道琼斯工业指数年化收益率为 9.7%，EPS 为 6.0%，股息分红为 2.3%，PE 为 1.3%（如表 3-1 所示）。

表 3-1　1900~2009 年美股的历史收益率分解　　　　（%）

时间	市场回报	投机回报	投资回报	投资回报-股利	投资回报-盈利增长
20 世纪初	9.0	0.8	8.2	3.5	4.7
20 世纪 10 年代	2.9	-3.4	6.3	4.3	2.0
20 世纪 20 年代	14.8	3.3	11.5	5.9	5.6
20 世纪 30 年代	-0.8	0.3	-1.1	4.5	-5.6
20 世纪 40 年代	8.6	-6.3	14.9	5.0	9.9
20 世纪 50 年代	20.1	9.3	10.8	6.9	3.9
20 世纪 60 年代	7.6	-1.0	8.6	3.1	5.5
20 世纪 70 年代	5.9	-7.5	13.4	3.5	9.9
20 世纪 80 年代	17.3	7.7	9.6	5.2	4.4
20 世纪 90 年代	17.8	7.2	10.6	3.2	7.4
21 世纪初	-1.2	-8.0	6.8	1.1	5.7
平均	9.6	0.1	9.5	4.5	5.0

资料来源：《长赢投资》。

回顾 A 股三十年，估值不断下移，市场上涨全靠盈利贡献。1991 年至 2020 年底上证综指年化涨幅为 12%，EPS 年化涨幅为 14%，PE 年化涨幅为 -8%。A 股初创期制度不够完善，投资者不够成熟，2005 年股权分置改革以后的数据显示，股价上涨主要源于盈利贡献；2005 年至 2020 年底沪深 300 指数年化涨幅为 12.2%，EPS 年化涨幅为 11.3%，PE 年化涨幅为 0.8%（如图 3-2 所示）。A 股每轮牛市对应一轮业绩回升周期，具体包括：1996年1月~2001年6月牛市期间A股盈利回升周期为1996年Q2~1997年Q4，2005年6月~2007年10月牛市期间A股盈利回升周期为2006年Q1~2007年Q1，2008年10月~2009年8月牛市期间A股盈利回升周期为2009年Q1~2010年Q1，2012年12月~2015年6月创业板结构性牛市期间盈利回升周期为2012年Q4~2016年Q1。

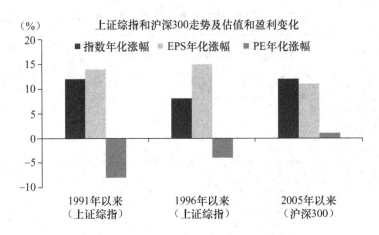

图3-2 上证指数和沪深300走势、估值及盈利变化

资料来源：Wind。

如何预测盈利趋势？

历史经验显示，盈利见底前部分领先指标率先企稳。2005年至2020年底，从时间上看，政策底、市场底、业绩底依次出现的特征非常明显。政策底之所以领先于业绩底，主要源于流动性周期领先于经济增长周期，经济增长周期领先于通胀周期，而其中内在的核心逻辑是，1936年凯恩斯的《就业、利息与货币通论》出版后，政府宏观政策逆周期调控开始风靡。

那么参考这种关系，如何确认业绩底？盈利的领先指标究竟有哪些？以史为鉴，2005年至2020年底A股市场共经历了五个盈利见底回升的周期，参考这五个周期，可以观察到在盈利未出现明显见底趋势之前，部分领先指标已率先企稳，根据性质不同可将其分为五大类：

- 社融存量同比/贷款余额同比。社融和贷款数据对货币政策变化非常敏感，与流动性密切相关。经济下行后期，货币政策趋于宽松，因此这些指标往往先回升。
- 基建投资累计同比。为对冲经济下行压力，管理层常采取更加积极的财政政策，扩大基建投资规模，基建投资增速往往先回升。
- PMI/PMI新订单。PMI是具代表性的景气指数，反映企业家对制造业的信心，是监测经济运行的先行指标。
- 商品房销售面积累计同比。地产是代表性的早周期行业，在所有的经济周期规律中，房地产周期又被称为"周期之母"，在经济周期底部区间地产销量增速往往比较早回升。
- 汽车销量累计同比。汽车也是早周期行业，汽车销量增速往往率先企稳。

回顾历史，每次盈利见底之前，以上指标都存在三个或三个以上企稳回升的迹象。将三个领先指标出现企稳的情况定性为领先指标企稳，时间上领先于企业盈利见底4~10个月。具体而言（如表3-2所示）：2006年全部A股盈利一季度见底，领先指标的企稳时间为2005年5月，领先盈利见底时间10个月。2009年全部A股盈利一季度见底，领先指标的企稳时间为2008年11月，领先盈利见底时间4个月。2012年全部A股净利润同比在三季度见底，创业板净利润同比在四季度见底，领先指标的企稳时间为2012年1月，提前8个月企稳。2016年全部A股盈利二季度见底，领先指标的企稳时间为 2016 年 2 月，领先盈利见底时间 4 个月。2020 年全部 A 股盈利一季度见底，社融指标提前 6 个月、贷款余额提前 2 个月见底。这次领先指标效果不明显，与新冠疫情突发有关，疫情导致很多指标瞬间同时探底。

表 3-2 领先指标企稳时间及盈利等各项指标见底时间

各项指标	2005~2006	2008~2009	2012~2013	2014~2016	2019~2021
盈利见底时间	2006Q1	2009Q1	2012Q3	2016Q2	2020Q1
领先指标企稳（三个领先指标出现企稳）时间	2005/05	2008/11	2012/01	2016/02	2020/02
盈利见底滞后领先指标企稳时间	10 个月	4 个月	8 个月	4 个月	1 个月
贷款余额同比见底时间	2005/05	2008/06	2012/01	2014/10	2020/02
社融规模存量同比见底时间				2015/06	2019/10
PMI 指数见底时间	2005/07	2008/11	2011/11、2012/08	2016/02	2020/02
基建投资累计同比见底时间	2005/05	2008/02	2012/02	2016/02	2020/02
商品房销售面积累计同比见底时间	2005/05	2008/12	2012/02	2015/12	2020/02
汽车销量累计同比见底时间	2005/02	2009/01	2012/01	2016/02	2020/03

资料来源：Wind。

在预测盈利的变化时，除了通过领先指标和盈利的时滞来预判盈利趋势，是否还存在其他的指标来跟踪盈利的变化？通过将盈利的走势和一系列相关指标对比发现，部分指标和盈利的相关性很高，并且这些指标相比于季度披露的盈利数据大多为月度披露数据，通过观测这些数据可以更加高频地跟踪盈利趋势变化。根据性质不同将这些指标分成三大类。

第一，库存周期指标。英国经济学家基钦（Kitchin）在《经济因素中的周期与倾向》中通过研究美国和英国 1890~1922 年的统计资料发现，库存以 2~4 年为周期的短期波动。厂商生产过多，就会形成存货，从而减少生产；存货较少，就开始扩大生产，从而呈现出有规则的上下波动现象。回顾历史，A股的盈利周期与库存周期之间的趋势变化存在着对应关系，因为库存变化反映了市场需求预期和企业生产状况，同时能够间接反映宏观经济景气的变化，和企业盈利正相关，所以通过分析库存周期的变动可以追踪企业盈利所处的周期区间。宏观库存周期和微观盈利周期3~4年一轮回，可以用工业企业产成品库存这一指标刻画库存周期（如图3-3所示）。回顾历史，2000~2020年市场共经历了6轮完整的库存周期，分别是2000年5月~2002年10月、2002年11月~2006年5月、2006年6月~2009年8月、2009年9月~2013年8月、2013年9月~2016年6月、2016年7月~2019年11月，平均一个周期历时39个月，其中补库存和去库存各占1年半左右。最近一轮库存周期底部在2019年底至2020年初，2020年已经处在第7轮补库存周期中。

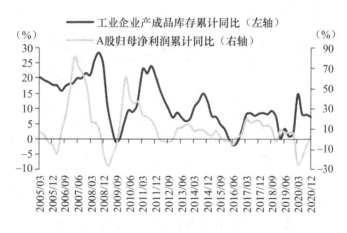

图3-3 盈利周期与库存周期

资料来源：Wind。

第二，工业企业利润周期指标。当前全部A股上市公司中工业企业占比较大，工业企业利润的变动一定程度上能够反映总体上市公司利润的变动,两者变动趋势大体一致,相关性较高。并且工业企业利润为月度披露的指标,通过跟踪工业企业利润能够更高频地观测盈利变动(如图3-4所示)。回顾历史,2000~2020年工业企业利润共经历了6轮完整的周期,分别是1999年12月~2002年3月、2002年4月~2005年5月、2005年6月~2009年2月、2009年3月~2012年2月、2012年3月~2015年12月、2016年1月~2020年2月,平均一个周期历时39个月。在一个周期里上行时间较短,平均11个月,下行时间较长,平均28个月。最近一轮业绩回升周期始于2020年3月,此时疫情对经济基本面的冲击影响逐步消退,业绩开始步入上行周期。

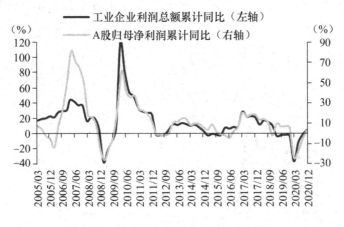

图3-4　盈利周期与工业企业利润周期

资料来源:Wind。

第三,PPI周期指标。工业增加值是工业企业全部生产活动的总成果扣除在生产过程中消耗或转移的物质产品和劳务价值后的余额,而PPI衡量了各种商品在不同生产阶段的价格变化情形。一般认为。工业增加值同比增速反映量的变动趋势,PPI同比增速则反映价格的变动趋势,量和价的变化可以很好地拟合工业企业盈利增速的变动。工业增加值、PPI同样也是月频指标。因为工业增加值波动频率较高,所以主要观测 PPI 的周期(如图 3-5 所示)。回顾历史,2004 年至 2020 年底 PPI 共经历了 5 轮完整的周期,分别是 2003 年 11 月~2006 年 4 月、2006 年 5 月~2009 年 7 月、2009 年 8 月~2012 年 9 月、2012 年 10 月~2016 年 2 月、2016 年 3 月~2020 年 5 月,平均一个周期历时 38 个月。在一个周期里上行时间较长,平均 21 个月,下行时间较短,平均 17 个月。最近一轮 PPI 周期始于 2020 年 6 月,此时疫情逐步得到控制,经济需求开始回暖,从而 PPI 周期开始步入上行周期(如表 3-3 所示)。

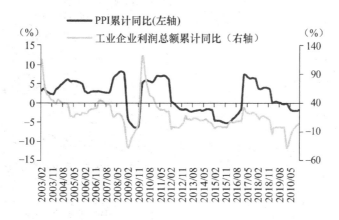

图 3-5　PPI 周期与工业企业利润周期

资料来源:Wind。

表 3-3　各类周期的历史平均持续时间和高低点位置

各类周期	历史平均持续时间	历史高点位置	历史低点位置
库存周期(工业企业产成品库存累计同比)	39 个月	10%~15%	0%
工业企业利润周期(工业企业利润累计同比)	39 个月	20%~40%	0%
PPI 周期(PPI 累计同比)	38 个月	8%~10%	-4%~-8%

资料来源:Wind。

最后，用图 3-6 来总结一下预测盈利趋势变化的方法：①看政策角度的领先指标，即社融存量和贷款余额增速、基建投资增速、PMI/PMI 新订单、商品房销售面积增速以及汽车销量增速；②看周期角度的同步指标，即库存周期、工业企业利润周期以及 PPI 周期。利用这些指标，可以构建一个较为完整的盈利预测和分析框架，为投资决策提供重要指引。

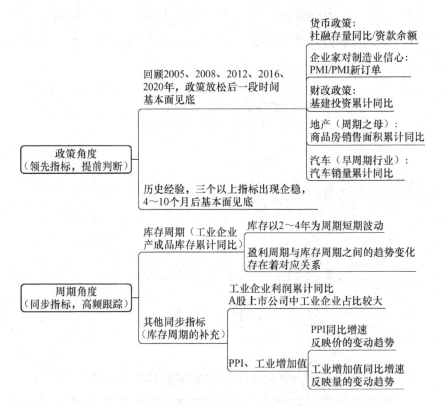

图 3-6　跟踪盈利趋势的领先和同步指标

盈利的数据预测

对于 A 股净利润增速预测，一般采取自上而下和自下而上两种方法来分析。

自上而下看盈利预测，A 股归母净利润大致等于营业收入 ×（毛利率 – 费用率），而营业收入与 GDP 相关，毛利率与 PPI 增速相关，费用率与 M2 增速相关，通过这三个宏观指标的预测可推演盈利数据。此外，季报业绩披露后还需根据各季度盈利占比历史数据对全年业绩预测进行校正，全年四个季度的业绩一般呈现前高后低、平均分布、前低后高三种形态，凭此寻找相似年份，比如 2009 年和 2020 年经济增速呈现前低后高的形态，对应业绩也呈现类似的季度分布。

自下而上看盈利预测，根据各行业测算盈利增速，汇总计算大类行业和全部 A 股盈利增速。分析具体行业盈利数据时，需注意行业的占比结构处于动态变化中。截至 2020 年底，我国产业结构演变类似于 20 世纪 80 年代的美国，消费和科技类行业净利润占比将逐渐提高。目前 A 股中消费和科技类行业净利润占比分别为 13% 和 5%（如图 3-7 所示），而美股分别为 30% 和 29%（如图 3-8 所示）。

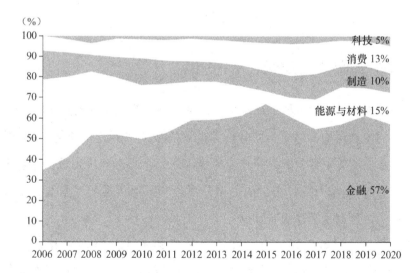

图 3-7　2020 年 A 股各行业净利润占比

资料来源：Wind。

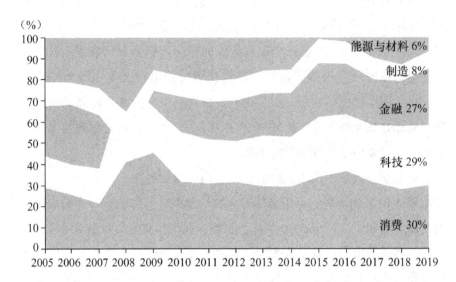

图 3-8　2019 年标普 500 各行业净利润占比

资料来源：Wind。

分析师的一致预期有效吗？

前文提到可以自下而上预测盈利数据，部分投资者会利用市场上主流分析师的盈利预测，综合不同分析师的研究成果来预判企业的盈利趋势，从而形成所谓的一致预期，即基于各券商分析师调查（研究报告、电话调研、问卷等），综合统计得到的上市公司盈利预期数据的平均值。那么分析师的一致预期是否真的有效呢？

沪深 300 指数及其成分股往往是分析师关注的重点，市场上针对它的相关盈利预测有充足的样本。为了对分析师一致预期本身的准确性进行研究，选取 2006 年至 2020 年底沪深 300 指数及其成分股的归属母公司股东净利润同比这一指标，对分析师一致预期预测值和公司报表披露的实际值进行对比分析，判断分析师一致预期的准确性。定义分析师的预测偏差 =（最近年度一致预期净利润同比 – 对应年度实际归母净利润同比）／对应年度实际归母净利润同比绝对值，并进一步将分析师的预测偏差分为高估（预测偏差大于0）和低估（预测偏差小于0）两种情况。

从沪深300指数整体来看，分析师的一致预期与实际盈利存在偏差，这主要是由于分析师在预测业绩时需要假设部分条件，并且在推导上进行一定主观判断，体现在一致预期上会出现相较实际值偏高或偏低的现象，如2006年3月~2006年6月，分析师低估了沪深300指数的实际业绩表现，持续低估后受情绪影响又逐渐调高了预期，2006年7月~2008年11月又显著高估，在与实际值出现较大偏差后，2009年转而低估业绩，如此不断循环。类似的情况在2009年4月~2010年7月、2012年8月~2014年6月、2015年4月~2016年1月等期间也同样出现。

对历史数据进行汇总分析，分析师做出的一致预期高估情况占比为65.1%，低估情况占比为34.9%，分析师对指数整体业绩一致预期偏高估。在沪深300指数成分股的汇总统计方面，为了减小极端值的影响，先剔除预测偏差绝对值超过10的样本，再进行统计分析，结果如图3-9所示。在选定的时间区间内，分析师对于单只股票的预测偏差平均值为70.66%，中位数为17.69%。进一步将分析师的预测偏差分为高估和低估两种情况，统计得到高估情况占比61.9%，低估情况占比38.1%。总的来说，分析师对于沪深300指数及成分股的一致预期均存在显著偏差，且偏高估。

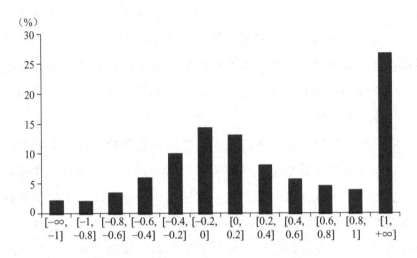

图 3-9　沪深 300 指数成分股归母净利润的一致预期偏差分布

注：横坐标为分析师预测偏差。
资料来源：Wind。

ROE 决胜负简单有效

一般而言，常用的盈利跟踪指标非常多，包括净利润同比增速、净利润率、销售毛利率、ROE、ROIC 等，其中 ROE 是非常简单有效的盈利指标。本节以此为出发点，分析 ROE 的重要性以及为何高 ROE 策略是有效策略。

为什么重视 ROE？

拉长看，业绩是驱动市场的主力，ROE 更适宜跟踪长期盈利趋势。通常而言，分析师追踪 A 股业绩主要观察归母净利润同比增速、ROE 等财务指标，两者历史走势大致趋同，但净利润同比易受到基期影响而波动较大，相对而言 ROE 走势更平缓且更适宜跟踪长期盈利。长期来看，ROE 走势与股指基本趋同，截至 2020 年末，自 2000 年以来万得全 A 指数年化涨幅为 8.5%，对应 ROE 均值为 10.0%。全球其他市场也是这样，例如 1990 年以来标普 500 指数年化涨幅为 8.4%，对应 ROE 均值为 12.8%。

回顾过去股票市场表现与微观企业盈利的关系，我们可以发现 ROE 往往对股指有很好的指导意义，即过去三轮牛市高点均对应着 ROE 高点。具体而言：2005 年 6 月～2007 年 10 月牛市期间，上证指数和沪深 300 高点在 2007 年 10 月，全部 A 股 ROE（TTM，整体法，下同）高点在 2007 年 Q4（如图 3-10、图 3-11 所示）。2008 年 10 月～2010 年 11 月牛市期间，上证指数和沪深 300 在 2009 年 8 月达到高点，2009 年 8 月～2010 年 11 月持续高位震荡；中小板继续上行，高点在 2010 年 11 月，ROE 高点在 2010 年 Q4（如图 3-10、图 3-12 所示）。2012 年 12 月～2015 年 6 月牛市期间，创业板开始结构性牛市，创业板指盈利高点出现在 2015 年 Q4，而由于清查配资等去杠杆因素，创业板指在 2015 年 6 月出现高点。在业绩向好的催化下，2015 年 Q4 创业板指反弹幅度显著（如图 3-13 所示）。最近一轮 ROE 于 2020 年 Q2 见底，Q3 开始回升。按照上行周期持续六七个季度的历史经验，这次 ROE 高点在 2021 年 Q4～2022 年 Q1，预计 2021 年 ROE 达 9%。

高 ROE 策略简单有效

如果将每年末沪深 300 成分股按 ROE 高低分为五组，同时按照流通股本对各组股票的股价进行加权平均并计算下一年的收益率（如表 3-4 所示），可以得出 2005～2015 年 ROE 前 20% 分位股票组合年化收益率达到 11.0%，低于沪深 300 的 14.1%，更低于 ROE 后 20% 分位股票组合的

17.2%。但是，2016~2020年高ROE组合年化收益率达到24.8%，高于沪深300的6.9%，也高于低ROE组合的5.1%（如图3-14所示）。

图3-10　上证指数和全部A股ROE走势对比

资料来源：Wind。

图3-11　沪深300指数和全部A股ROE走势对比

资料来源：Wind。

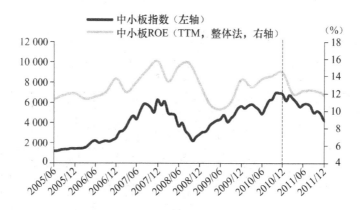

图 3-12 中小板指数和中小板 ROE 走势对比

资料来源：Wind。

图 3-13 创业板指数和创业板 ROE 走势对比

资料来源：Wind。

表 3-4 沪深 300 成分股不同 ROE 分组的收益率　　　　　　（%）

年份	当年收益率			累计收益率		
	沪深 300	ROE 前 20%	ROE 后 20%	沪深 300	ROE 前 20%	ROE 后 20%
2005	-7.7	-0.6	-31.5	-7.7	-0.6	-31.5
2006	121.0	166.6	136.5	104.1	165.1	62.1
2007	161.5	168.7	193.3	433.8	612.2	375.4

(续)

年份	当年收益率			累计收益率		
	沪深300	ROE前20%	ROE后20%	沪深300	ROE前20%	ROE后20%
2008	-65.9	-77.5	-58.0	81.8	60.4	99.6
2009	96.7	70.9	105.6	257.6	174.3	310.4
2010	-12.5	-4.9	-12.5	212.8	160.8	259.1
2011	-25.0	-24.1	-25.9	134.6	97.8	166.3
2012	7.6	4.2	5.9	152.3	106.2	181.9
2013	-7.6	-15.1	-15.1	133.0	75.0	139.3
2014	51.7	41.8	90.5	253.4	148.2	355.9
2015	5.6	14.1	7.5	273.1	183.2	390.1
2016	-11.3	-6.5	-4.4	231.0	164.7	368.7
2017	21.8	66.7	12.8	303.1	341.3	428.5
2018	-25.3	-22.1	-18.7	201.1	243.8	329.7
2019	36.1	56.1	26.5	309.7	436.8	443.8
2020	27.2	59.7	15.7	421.1	757.0	529.0

资料来源：Wind。

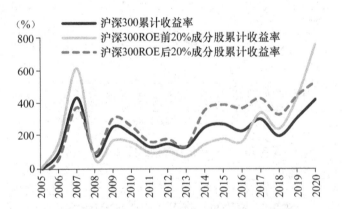

图3-14　沪深300成分股中不同ROE组合累计收益率对比

资料来源：Wind。

可见，2015年后高ROE策略在A股有效性增强，一个原因是转型期公司结构分化，背后是2016年后中国经济增速放缓，总量变化不大但结构分化更加明显，映射在股市中就是有优质基本面的公司占据领先优势，ROE 高的公司优势更明显。参考转型期美股的历史经验，A 股的龙头化趋势还将延续数年，2015 年以后高 ROE 策略明显有效，未来可能会延续。

ROE 策略日趋有效的另一个原因在于 A 股机构化程度上升。险资、外资、银行理财等代表性长线资金偏好高 ROE 个股。当前中国金融供给侧改革背景类似于 20 世纪 80 年代的美国，即股权融资支撑产业结构转型。参考境外经验，长线资金持股更偏向龙头、高 ROE 个股，引入长线资金将改变 A 股生态，强化对高 ROE 个股的偏好。与美股相比，我国的长线资金更加多样化，包括外资、保险类资金以及银行理财三者，但是三者仍在起步阶段。

外资方面，A 股外资持股占总市值比重不到 6%，远低于英美和日韩等发达市场，因此我国外资持股占比仍偏低（如图 3-15 所示）；保险类资金方面，2019 年我国养老金三大支柱只有 12 万亿元人民币，算上保险公司资金后，保险类资金也只有 30 万亿元，约占 GDP 的 30%。并且，在这 30 万亿元的保险类资金中，大约只有 10% 进入了股市；银行理财方面，2018 年我国银行理财资金余额为 32 万亿元，但是其中投向股票的不到 2%，入市比例也极低。

截至 2020 年 12 月 31 日，陆港通北上资金前 15 大重仓股持仓额占北上资金总持仓额的 41%，这些重仓股 2020 年 Q4 的 ROE（TTM，整体法，下同）中位数为 20.7%（如图 3-16 所示），QFII 重仓股为 15.3%，保险重仓股为 9.8%，普通股票型公募基金重仓股为 24.4%，均高于同期全部 A 股中位数 7.9%。可见，险资、外资及银行理财等代表性长线资金更偏爱高 ROE 个股，所以，研究 ROE 很重要。

行业层面 ROE 策略亦有效

从前文可见 ROE 策略在指数整体层面存在较强的有效性，那么对于不同行业 ROE 策略是否均有效？采用中信一级行业，计算各行业近 10 年来的平均 ROE 和近 10 年来的指数年化涨幅，用散点图可以直观地看到两者之间存在明显的正相关性（如图 3-17 所示），说明 ROE 策略在行业层面也有效，ROE 更高的行业有着更好的市场表现，为投资者带来了更多回报。

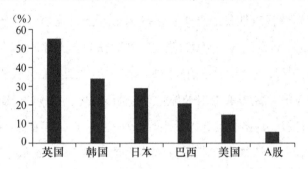

图 3-15　2020 年 Q3 不同市场外资持股占总市值的比重

资料来源：Wind。

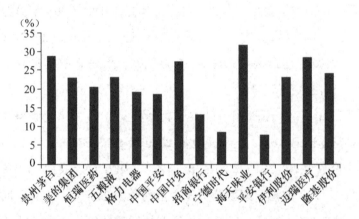

图 3-16　2020 年北上资金前 15 大重仓股 ROE（TTM）

资料来源：Wind。

从具体行业来看，消费、科技和金融的 ROE 显著高于其他行业，有着不错的涨幅，比如消费中的食品饮料行业近 10 年平均 ROE、近 10 年年化涨幅分别为 19.1%、18.2%，家电行业为 14.9%、16.6%；科技中的电子为 7.2%、10.4%，计算机为 7.1%、8.2%；金融中的银行业为 15.7%、9.9%（如图 3-18 所示）。

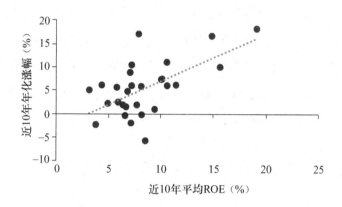

图 3-17　各行业涨幅与 ROE 的相关关系

资料来源：Wind。

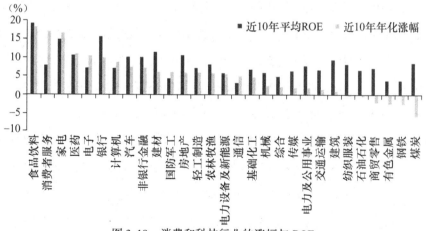

图 3-18　消费和科技行业的涨幅与 ROE

资料来源：Wind。

美日历史：转型期宏微观基本面分化

前文更多从宏观的角度分析 A 股的盈利趋势，但是近年来宏观与微观之间的联系有所弱化，因此结构思维的重要性日益突出。2016 年起我国宏微观基本面开始分化，即宏观经济保持平稳增长，但是微观盈利仍持续改善，这种情形在 1970～1990 年的美国和日本也曾出现过，本节将聚焦美国和日本的历史经验，分析为何宏微观基本面会出现分化。

20世纪70～90年代转型期美日宏微观基本面分化

美国经济在 1940～1969 年保持高速增长，20 世纪 70 年代陷入 "滞胀"，80 年代美国宏观政策转变，经济结构开始调整。1970～1989 年美国名义 GDP 同比增速为 9.0%，同期企业税后利润增速中枢为 8.6%。1990 年以后美国名义 GDP 同比增速放缓至 4.6%，同期企业税后利润增速中枢依然保持在 8.6%。由此可见，尽管 20 世纪 70～90 年代美国 GDP 增速大幅回落，但企业利润增速相对平稳，宏观和微观出现了分化（如图 3-19 所示）。

同样，日本经济在 1945～1968 年维持高速增长，随着 20 世纪 60 年代日本开始进行产业结构调整，经济增速开始下台阶。1968～1974 年日本名义 GDP 同比增速中枢为 17.1%，同期日本企业营业利润增速为 19.6%。1975～1989 年日本经济增速放缓，名义 GDP 同比增速中枢为 7.8%，同期企业营业利润增速为 8.5%，更重要的是日本企业 ROE 增速从 1976 年的低点 8% 上升至 1980 年的 27.7%，并在 1980～1989 年平均保持在较高水平，宏观 GDP 和微观盈利持续分化（如图 3-20 所示）。

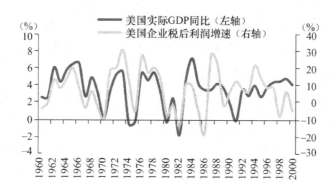

图 3-19 美国企业盈利和 GDP 同比走势分化

资料来源：Wind。

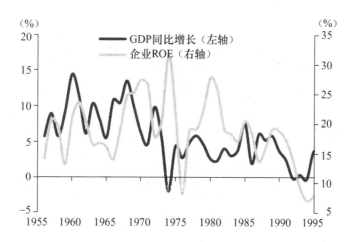

图 3-20 日本企业 ROE 和 GDP 同比走势分化

资料来源：Wind。

宏微观分化的原因一：产业结构优化

1970～1990 年美日产业结构开始升级，高盈利产业占比提升带动整体盈利改善。

美国产业结构升级表现为第三产业和消费在 GDP 中的占比提高（如图 3-21、图 3-22 所示）。从美国全行业税后利润占比来看，1973～1990 年通信业、批发零售业、服务业的占比均有所上升，而制造业利润占比大幅下降（如图 3-23 所示）。对比同期各行业税后利润年化增速，可以发现业绩更稳健的消费、服务和科技推升微观盈利。

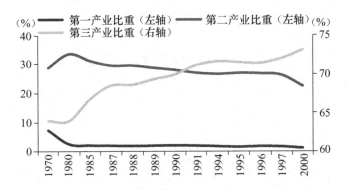

图 3-21　1970～1990 年美国各产业占 GDP 比重

资料来源：美国经济分析局。

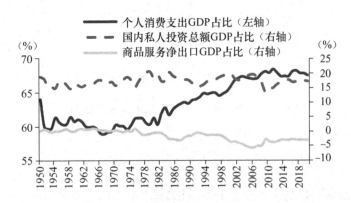

图 3-22　1970～1990 年美国各项消费占 GDP 比重

资料来源：Wind。

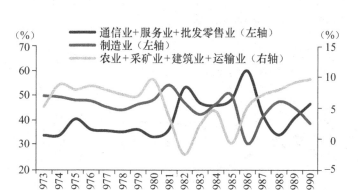

图3-23　20世纪70~80年代美国各行业税后利润占比

资料来源：美国经济分析局。

日本产业升级也表现出同样的规律（如图3-24、图3-25所示）。从日本各行业增加值占比看，1975~1990年服务业、运输业、通信业、房地产占比均上升，而制造业、农林牧渔占比下降。虽然当时日本制造业整体规模略收缩，但是电气机械、精密机械等高端制造子行业产值占比逐步提高，纺织、钢铁等低端制造占比下降。同时，日本高端制造业盈利能力增强，1973~1984年电气机械、电子机械的销售利润率有所提升，而钢铁、有色金属等传统制造业却在低位，业绩更优的高端制造业占比提升推动业绩改善（如图3-26所示）。

宏微观分化的原因二：行业集中度提高

1970~1990年美国和日本部分行业集中度提升既是产业生命周期演绎的方向，也是全球化经济加速竞争的结果。随着经济步入由大到强的阶段，行业扩容空间收窄，进入壁垒提高，小企业被淘汰，具备真正品牌优势的龙头企业胜出。随着行业集中度提升，产业生命周期自然演绎催生出龙头效应。此外，在全球化经济中，龙头企业凭借更强的竞争力占据了更多的海外市场，从而推动业绩改善。

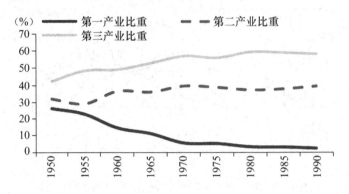

图 3-24　1970～1990 年日本各产业占 GDP 比重

资料来源：《东亚工业化浪潮中的产业结构研究》。

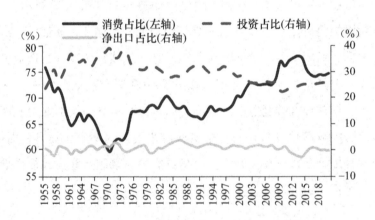

图 3-25　1970～1990 年日本各项消费占 GDP 比重

资料来源：Wind。

美国行业集中度提升的直接表现是龙头企业的崛起。1970～1992 年美国大豆油、啤酒、软饮料、报纸、家用电器、家用洗衣机、医药、炼钢厂行业集中度均大幅提升（如表 3-5 所示）。同时，可口可乐、迪士尼、辉瑞、沃尔玛等行业龙头的盈利增速也很可观。在行业集中度提升背景下，龙头企业强者恒强，促进整体盈利提升。

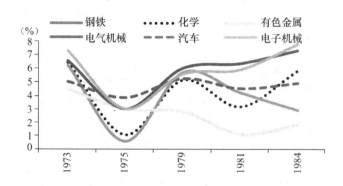

图 3-26　日本制造业细分行业销售利润率对比

资料来源：日本统计局。

表 3-5　20 世纪 60~90 年代美国各行业集中度 CR4　　（%）

年份	大豆油	啤酒	软饮料	报纸	家用电器	家用洗衣机	医药	炼钢厂	金属家具
1963	50	34	12	15	41	78	68	46	13
1966	57	39	14	14	45	79	70	48	13
1967	55	40	13	16	44	78	74	47	14
1970	56	46	13	16	46	83	64	42	16
1972	54	52	14	17	57	83	59	52	13
1977	54	64	15	19	52	89	65	54	13
1982	61	77	14	22	51	91	62	61	16
1987	71	87	30	25	54	93	72	73	18
1992	71	90	37	25	70	94	76	80	22

资料来源：U. S. Census Bureau。

日本行业集中度提升可以从 1970~1990 年大量的并购重组中得到佐证，20 世纪 70 年代石油危机导致日本大批企业倒闭，国内"救济式并购"开始兴起。随着日本企业不断并购重组，日本各行业企业数量逐步下降，集中度逐渐提高（如图 3-27 所示），龙头企业竞争能力增强，整体盈利逐步好转。

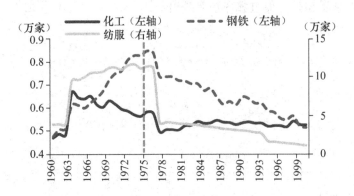

图3-27　20世纪70年代日本部分周期行业企业数量

资料来源：日本统计局。

宏微观分化的原因三：企业国际化加快

1970~1990年，以亚洲四小龙为代表的许多发展中国家或地区经济迅速腾飞，其实际GDP同比增速中枢远高于美国和日本（如图3-28所示）。随着国际贸易货运成本开始下降，全球化模式迅速发展并逐渐成熟，得益于前期经济高速增长积淀的雄厚资本实力和海外国家或地区经济腾飞带来的新机遇，美日企业纷纷加快国际化，以分享海外经济高增长红利。

第二次世界大战结束后确立了以美元为中心的布雷顿森林货币体系，使得在全球化经济下美国处于有利地位，1970~1990年美国出口金额占GDP比重上升，美国企业境外税后利润占比随之上升（如图3-29所示），并且境外业务税后净利润年化增速高于境内业务。从具体公司看，1985~1990年可口可乐、辉瑞、IBM的境外税前利润占比均大幅提升，境外业务逐渐成为这些公司利润的主要来源。

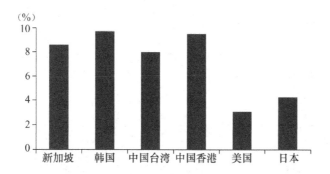

图3-28 部分国家和地区1970~1990年实际GDP同比增速中枢

资料来源：Wind。

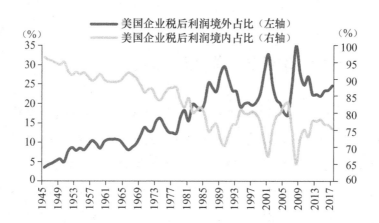

图3-29 1945~2017年美国企业税后利润境外占比

资料来源：Wind。

1970~1990年日本经济地位逐步崛起，成为全球第二大经济体。20世纪80年代《广场协议》导致日元不断升值，降低了跨国并购成本，日本对外并购开始盛行，越来越多的企业走出国门，分享海外市场快速增长带来的丰厚盈利。日本企业的国际化战略，带来了丰硕的成果，海外收入占比开始持续提升，典型的企业有索尼、东芝、本田等（如图3-30所示）。

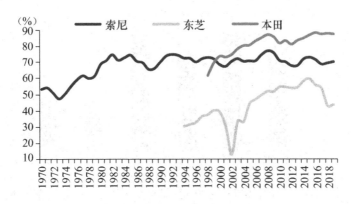

图 3-30　1970～2018 年日本代表性企业海外收入占比

资料来源：Wind。

新时代的中国：宏观平、微观上

从美日的经验可见，随着经济的成熟，经济增速会下降，但经济发展方式和经济结构会得以优化，从而使得宏观与微观发生分化。反观我国，十九大报告提出"中国特色社会主义进入了新时代"，新时代的历史定位对应到股市，有什么新特征呢？中国已经进入了经济平、盈利上的阶段，这是新时代的基本面新特征。本节将沿着上一节美国、日本的历史经验，分析中国转型期出现这一特征的原因。

2016年以来中国宏观和微观基本面开始分化

中国基本面新特征是 GDP 和盈利开始分化。新时代的定位预示着中国经济发展的环境已经发生变化：过去是经济体量由小变大，重视量的增长；新时代经济将从大走向强，核心是质的提升。我国正逐步从亚当·斯密式的加大要素投入驱动增长转变为熊彼特式的创新驱动增长，经济增长动力的变化以及经济发展模式的改变使得宏微观基本面出现了新的特征。在过去要素投入驱动的粗放增长模式下,企业盈利的波动与宏观经济高度相关,但是随着经济主导产业从工业向消费和科技转变,经济增长步入创新提效的新增长模式,企业盈利开始与宏观经济出现分化。

对比 GDP 和 A 股盈利增速,早期两者走势大致趋同,但是 2016 年以来开始分化,而且微观盈利增速表现优于宏观 GDP 增速(如图 3-31 所示)。从宏观经济看,实际 2010 年 Q1~2016 年 Q1 我国 GDP 增速持续下降,这是"L"型的一竖;2016 年 Q2~2019 年我国 GDP 增速波动收窄,经济增速转换中"L"型的一横逐渐形成。需补充说明的是,2020 年 Q1 新冠肺炎疫情发生导致经济停摆,基本面砸出深坑,并且由于低基数效应,2020 年 Q1 我国实际 GDP 增速高达 18.3%,这种外部冲击导致宏观基本面波动加大不是常态,长期看我国经济将保持更低速的稳定增长。相对而言,从微观盈利看,我国企业盈利改善幅度更显著,比如 2016 年 Q2~2017 年 Q1 A 股归母净利润增速持续回升,并且比宏观 GDP 增速改善得更显著。

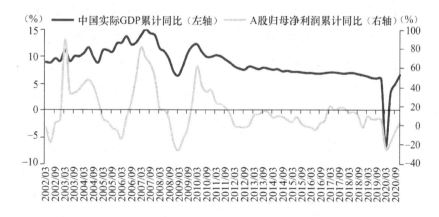

图 3-31　2002~2020 年我国 GDP 和 A 股盈利情况

资料来源:Wind。

回顾20世纪70~90年代美日经济转型升级期，美日经济体也经历了类似的宏微观基本面分化时期，上一节提到宏微观基本面分化源于三方面，即产业结构优化、行业集中度提升和企业国际化加快。类似美日，中国也开始出现这些特征。

微观好于宏观的动能一：产业结构优化

回顾过去几十年，主导产业随着社会不断变迁。20世纪90年代我国步入生活消费时代，以百货家电为主的轻工业迅速崛起。1992年初邓小平南方谈话，社会主义市场经济地位确立，日用消费品成为1990~1993年牛市的主导产业。经历市场经济的初期积累后，1997年人均年总收入突破5000元，进而刺激生活消费品需求大增，1996~2001年牛市的主导产业是家电。进入21世纪后，加入WTO和城镇化下的商品房改革推动内外需同时爆发，重工业迅速发展，2005~2007年牛市、2008年11月~2009年8月迷你版牛市的主导产业是与房地产产业链相关的资源品和工业品。

2010年以后，我国经济开始步入结构调整和转型期，尤其是2012年至2020年底，在人口结构变化、新兴技术进步、宏观政策调控几股力量综合作用下，产业结构逐渐发生变化。十九大报告提出新时代社会的主要矛盾已经转化为人民日益增长的美好生活需要和不平衡不充分的发展之间的矛盾，而美好生活需要对应的行业已经逐渐发展起来，如先进制造、新兴消费。新时代的现代化经济体系需要发展新产业，先进制造源于技术进步，相比传统制造更自动化、信息化；新兴消费源于消费升级和生产水平提升，相比传统消费更品牌化、服务化。

在新时代，虽然宏观经济保持平稳增长，但经济增长模式已从量的扩张转变为质的提升，产业结构已发生变化。从GDP生产法看，第二产业对GDP贡献率下降，第三产业贡献率上升，逐渐成为主导产业（如图3-32

所示)。从 GDP 支出法看，消费 GDP 占比趋势上升，而资本形成 GDP 占比和净出口占比下降（如图 3-33 所示）。依靠投资驱动经济增长的传统模式难以为继，消费逐渐成为稳定经济增长的中流砥柱。

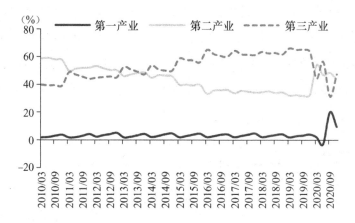

图 3-32 从 GDP 生产法看中国各产业在 GDP 累计同比中的贡献率

资料来源：Wind。

图 3-33 从 GDP 支出法看中国消费和投资在 GDP 累计同比中的贡献率

资料来源：Wind。

盈利能力高的消费和科技占比提升有助于上市公司整体业绩改善。证券市场作为实体经济的映射，其行业结构也会随着实体经济而发生变化。无论是从市值占比的角度，还是从净利润占比的角度，消费和科技板块在A股的比重均不断提高，显示出我国产业结构转型已经在路上（如图3-34、图3-35所示）。过去1~2年消费ROE维持在11%~12%，科技ROE维持在8%~9%，而周期ROE维持在5%~6%，规模不断扩张的消费和科技的业绩较靓丽，有利于改善A股整体盈利（如图3-36所示）。

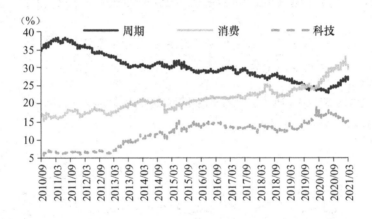

图3-34　A股上市公司各大类行业总市值占比

资料来源：Wind。

微观好于宏观的动能二：行业集中度提高

2010~2020年，消费类和周期性行业的集中度逐步提升，例如白酒、液体奶、冰箱、空调、挖掘机、起重机、水泥、化肥农药等传统消费和制造行业（如表3-6所示）。从产业生命周期理论看，行业集中度提升是产业从成长期过渡到成熟期的特征之一。在成熟期，大厂商们占据较多市场份额，它们彼此势均力敌，不再依靠价格战来抢占市场份额，而是通过提高质量和改善性能来增强竞争力，这正与我国经济增长模式从亚当·斯密的加大要素投入驱动增长转变为熊彼特的创新驱动增长相契合。

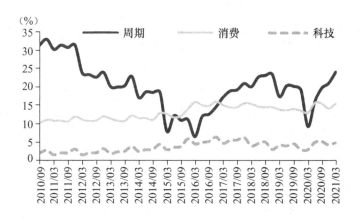

图 3-35　A 股上市公司各大类行业净利润占比

资料来源：Wind。

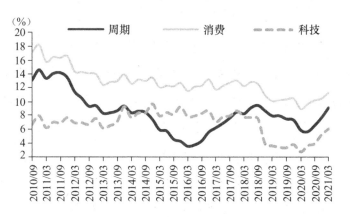

图 3-36　A 股各大类行业 ROE（整体法，TTM）对比

资料来源：Wind。

表3-6　近年来中国部分行业集中度　　　　　　　　（%）

细分行业	2010年行业集中度	2015年行业集中度	2020年行业集中度
白酒 CR4	17.0	14.4	29.6
化肥农药 CR5	9.7	9.9	21.6
挖掘机 CR3	38.2	37.2	48.7
起重机 CR3	82.2	86.2	92.5
液体奶 CR2	27.6	29.8	35.6
地产 CR10	10.1	16.9	21.3
尿素 CR4	11.9	11.8	14.8
水泥熟料 CR10	44.0	54.0	57.0
黄金 CR3	12.7	45.2	48.1
国产轿车 CR3	37.2	47.3	49.7
冰箱 CR3	44.1	44.4	46.1
煤炭 CR4	15.6	20.6	21.6
空调 CR3	60.5	66.5	67.2

资料来源：Wind。

龙头经营效率更高，行业集中度提升有助于整体盈利改善。行业集中度提升改变了市场格局，唯有实力雄厚的大公司才能从这场竞争中胜出，并成长为行业龙头，在行业集中度提升的背景下我国加速进入龙头经济时代。由于龙头公司资金实力雄厚且管理经验丰富，它们往往能较好地控制成本和实现销售，盈利能力超越市场整体水平。以A股上市公司为例，按照GICS一级行业分类，除了能源和电信服务行业以外，2020年各行业的龙头公司均表现出比非龙头公司更强的盈利能力（如图3-37所示）。龙头公司兼具优异的盈利能力和更高的市场份额，这些有助于业绩提振。

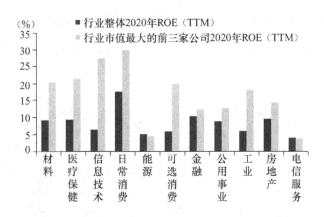

图 3-37 行业龙头公司与行业整体的 ROE 对比

资料来源：Wind。

微观好于宏观的动能三：企业国际化加快

得益于国内自主品牌崛起和海外需求回暖，中国制造的产品越来越受到海外国家的认可，2020 年新冠疫情更是加快了我国部分企业走出国门。以消费电子为例，我国自主品牌的海外渗透率在不断提高。根据 CMR 统计数据，2020 四季度，小米、vivo、OPPO 三大国产品牌手机在印度市场占有率达到 51%，远超过市场占有率第二的三星（如图 3-38 所示）。再比如家电行业，经过长期的激烈竞争，我国家电行业涌现出了优秀的自主品牌，包括格力电器、美的集团等。2019 年中国家电行业海外收入占比达到 30% 左右，2020 年疫情冲击导致海外市场更依赖中国制造，冰箱、空调等家电产品出口保持着快速增长的势头（如图 3-39 所示）。

企业的海外业务高速增长有助于整体盈利持续改善。在全球化浪潮下，海外业务对整体业绩影响不容小觑，2020 年年报显示（如图 3-40 所示），A 股整体海外业务营收占比达 10.1%，部分行业海外业务营收占比更高，如电子高达 49.1%，家电为 47.1%，计算机为 36.7%。虽然海外并购存在投后整合不力等风险,但截至 2020 年底,我国企业国际化模式逐渐成熟,加之海外市场经济复苏带动外需回暖,企业海外业务的盈利丰厚,有助于整体业绩向好。

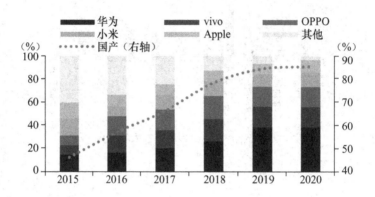

图 3-38　中国手机市场主要品牌市占率

注:市占率按出货量计算。
资料来源:Wind。

图 3-39　中国空调与冰箱出口数量累计同比增速情况

资料来源:Wind。

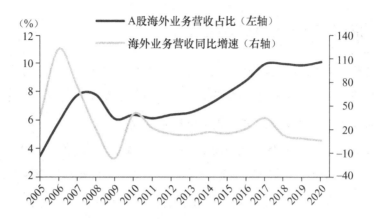

图 3-40　A 股海外业务营收占比及同比增速

资料来源：Wind。

进一步看上市公司海外业务业绩情况，以海外业务营收占比超 20% 的 A 股上市公司为样本，计算得到它们的海外业务营收增速一直超过国内业务。2020 年新冠疫情加快我国出口，这些国际化公司业绩表现更强，2020 年海外业务营收同比增速为 6.6%，而 A 股整体仅为 3.6%。随着海外经济逐渐复苏，进口需求日益旺盛，这将有助于国际化公司整体盈利进一步改善。

符合转型方向的赛道业绩更优

巴菲特曾说过："人生就像滚雪球，最重要的是发现很湿的雪和很长的坡。"其中"很长的坡"其实就是指绩优赛道。借鉴美日历史经验，符合经济转型方向的赛道业绩更优。当然，不同经济发展时期产业结构转型方向不同，比如 2005~2007 年牛市房地产链行业业绩更优。自 2010 年以来我国经济步入后加工业化时代，消费和科技行业业绩更优，这些行业也逐步成为热门的优质赛道。

A 股的消费和科技行业开始频出牛股

过去十多年我国科技和消费行业牛股辈出。投资的本质是分享企业的增长红利，好赛道更容易产生好企业，所以投资的第一步就是选择赛道。近年来 A 股优质赛道主要集中在科技和消费行业。

自 2008 年 10 月 28 日全球金融危机低点至 2020 年底，A 股、港股和中概股总计诞生了 260 只十倍股，其中 57% 来自科技和消费行业；自 2016 年 1 月 27 日低点至 2020 年底，A 股、港股和中概股总计诞生了 89 只五倍股，其中 59% 来自科技和消费行业；自 2019 年 1 月 4 日本轮牛市起点至 2020 年底，A 股、港股和中概股总计诞生了 374 只翻倍股，其中 59% 来自科技和消费行业（如图 3-41 所示）。

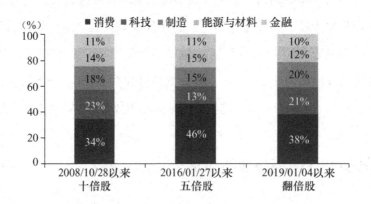

图 3-41 A 股、港股和中概股牛股行业分布

资料来源：Wind。

过去十多年科技和消费类行业指数表现更佳，远超市场整体水平。回顾历史，自 2008 年 10 月 28 日全球金融危机低点至 2020 年底，涨幅居前的五大行业分别是电子、家电、食品饮料、消费者服务、医药。自 2016 年 1 月 27 日低点至 2020 年底，涨幅居前的五大行业分别是食品饮料、家电、

电子、建材、医药。自2019年1月4日本轮牛市起点至2020年底,涨幅居前的五大行业分别为食品饮料、电子、家电、医药、消费者服务(如图3-42所示)。

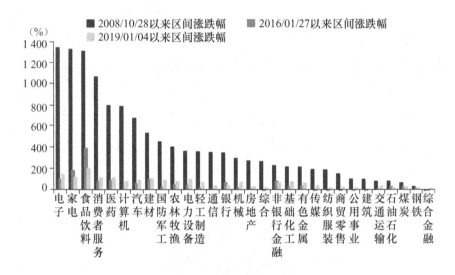

图3-42 各行业涨幅情况

资料来源:Wind。

美股转型期,优质赛道为科技和消费

1980~2000年美国经济转向以消费和科技为主。从宏观层面看,1980~2000年美国第三产业占GDP比重从67%提升至77%,私人消费占比从62%提升至66%。从行业层面看,消费持续升级进行中,科技由政府主导转向自由竞争。20世纪80年代以后美国第一波互联网浪潮推动万维网商业化和网络社区成熟,代表公司包括雅虎、微软、英特尔等。第二波互联网浪潮主要以移动互联网为主,代表公司包括苹果、谷歌、Facebook等。

1990~2000年美国消费和科技牛股频现,源于业绩更优异。进入20世纪80年代美国开始步入转型期,考虑到数据可获得性,1990~2000年美股表现如下:从个股看,美股诞生了79只十倍股,其中72%来自消费和科技行业(如图3-43所示);从行业看,消费和科技行业涨幅领先,标普500信息技术行业上涨13.0倍,医疗为3.3倍,可选消费为2.5倍。这些行业表现更优,归根结底源于基本面更优异。从美股企业层面看,1990~2000年美股金融年化净利润增速为15.3%,信息技术为11.3%,医疗保健为10.4%,必需消费为3.5%,可选消费为2.6%(如图3-44所示)。相较而言,美国科技和消费行业的净利润增速较快,从而股价表现更好。

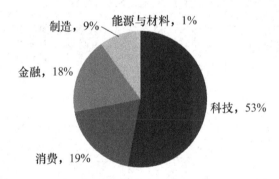

图3-43 1990~2000年美股十倍股行业分布(按数量)

资料来源:Wind。

类似于美国,中国消费和科技有望赛道化

从不同角度对比中美产业,可以看出目前中国类似于20世纪80年代初期的美国,处于经济转型初期,科技和消费产业还有很大的成长空间。

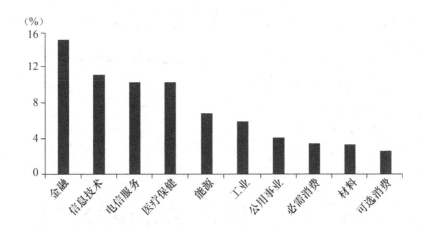

图 3-44　1990～2000 年各行业净利润年化增速

资料来源：Wind。

从 GDP 生产法看：1980 年美国第三产业占 GDP 比重为 67%，并在 2000 年提升至 77%；2020 年中国第三产业占 GDP 比重为 53%，正处在上升趋势中（如图 3-45 所示）。从 GDP 支出法看：1980 年美国私人消费占 GDP 比重为 62%，并在 2000 年提升至 66%；2019 年中国居民消费占 GDP 比重为 55%，当前也处于缓慢抬升趋势中（如图 3-46 所示）。从人均 GDP 看：2019 年中国为 10 261 美元，而 1980～2000 年美国从 12 547 美元升至 36 305 美元（如图 3-47 所示）。从行业增加值占比看：2019 年中国工业占 GDP 比重为 40.1%，而 1980～2000 年美国工业占 GDP 比重从 33.5% 降至 22.5%。2019 年中国名义 GDP 是美国的 0.66 倍，对比中美行业增加值规模，中国制造业、建筑业是美国的 1.64 倍、1.14 倍，而中国信息技术、卫生保健是美国的 0.31 倍、0.19 倍，相对而言中国消费和科技行业规模较小（如图 3-48 所示）。

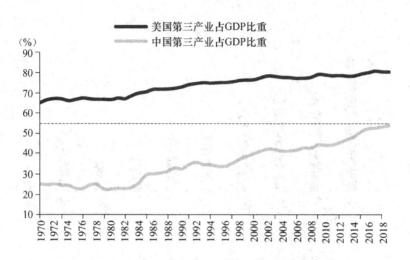

图 3-45　中美第三产业占 GDP 比重

资料来源：Wind。

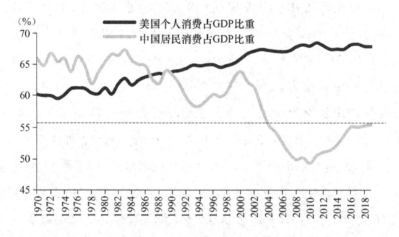

图 3-46　中美消费占 GDP 比重

资料来源：Wind。

截至 2020 年底，我国正在大力进行资本市场改革，包括推出科创板、创业板注册制等，积极鼓励新经济行业企业上市。但是，无论从净利润还是从市值角度看，我国消费和科技行业规模都不及美国（如图 3-49、

图 3-50 所示)。随着我国经济结构转型升级持续,预计我国消费和科技行业净利润、市值规模都有望扩大,未来更多牛股有望诞生于这些行业,赛道化优势有望进一步凸显。

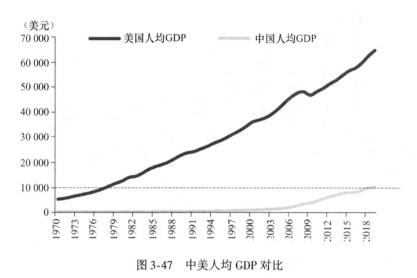

图 3-47　中美人均 GDP 对比

资料来源:Wind。

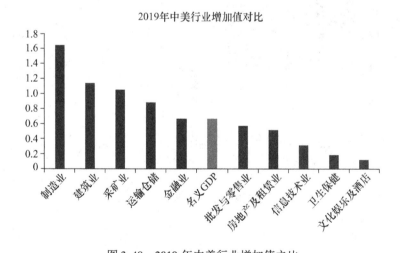

图 3-48　2019 年中美行业增加值之比

资料来源:Wind。

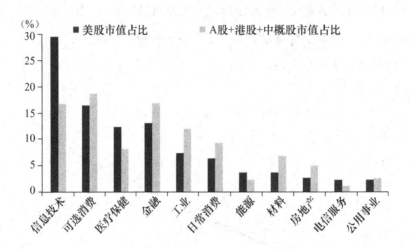

图 3-49　2020 年中美各行业市值占比对比

资料来源：Wind。

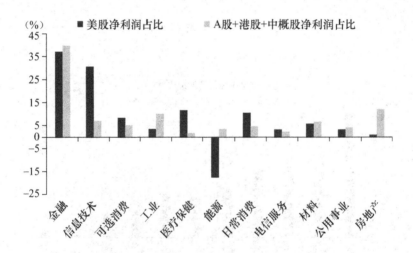

图 3-50　2020 年中美各行业净利润占比对比

资料来源：Wind。

从世界500强名单看中国企业崛起

前面章节提到中国宏微观基本面分化源于产业结构优化、行业集中度提升和企业国际化加快，在这样的大背景下中国头部企业的优势愈发明显。财富中文网于北京时间 2020 年 8 月 10 日发布了最新的《财富》世界 500 强企业营收排行榜，中国共有 133 家企业上榜，超过美国的 121 家。本节将从世界 500 强中国企业名单出发，谈谈在中国经济由大变强时期中国企业的崛起之路。

从总量看，中国进入世界500强企业首次超越美国

近些年中国入围世界 500 强的企业数量不断增多。2000 年中国入围的企业数量仅 13 家，远不及当时美国入围的企业数量 179 家。但是到了 2020 年，我国入围世界 500 强的企业数量增至 133 家，高于美国入围的企业数量 121 家，也远远超过了日本、法国、德国、英国、韩国等发达国家（如图 3-51 所示）。相对而言，中国企业开始在世界舞台唱起了主角，这与中国经济地位崛起有关。

2010 年中国 GDP 总量一举超过日本，成为仅次于美国的第二大经济体，当时中国 GDP 总量超过 40 万亿元，达美国 GDP 的 41%。而到了 2019 年，中国 GDP 总量更是增长到近 100 万亿元，达美国 GDP 的 67%。可见，中美 GDP 总量差距正在缩小。此外，中国 GDP 占全球的比重从 2010 年的 9.2% 大幅升至 2019 年的 16.3%，而同期美国仅从 22.6% 小幅升至 24.4%。从 GDP 总量看，中美均为世界级大国，所以 500 强企业也主要来自这两个国家。

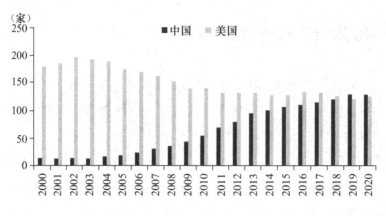

图 3-51　中美世界 500 强企业数量

资料来源：Wind。

然而，从 500 强企业所排名次看，前 50 名、前 100 名、前 200 名企业中的中国企业数量均低于美国企业数量，而且整体上美国企业的名次更靠前。从企业销售利润率角度看，2011 年起中美 500 强企业销售利润率开始分化，中国 500 强企业销售利润率开始低于美国，特别是自 2016 年起中国 500 强企业销售利润率一直下滑（如图 3-52 所示）。可见，虽然在世界 500 强企业中，中国企业数量与美国差不多，但是中国的世界 500 强企业也面临多而不精的窘境，中国实体经济可谓大而不强，具体表现如下：

▶ 中国人均 GDP 排名靠后。根据世界货币基金组织统计，2020 年全球人均 GDP 为 11 034 美元，中国人均 GDP 为 10 503 美元，位列第 63 名，而美国位列第 5 名。

▶ 中国劳动者报酬偏低，整体税负偏重。一般 GDI 和 GDP 相差不多，两者差值在国民收支表中被列为统计误差。从中国 GDP 和美国 GDI 构成看，2017 年中国劳动者报酬占比为 47.5%，而美国为 53.0%；

中国企业营业盈余占比为24.7%，而美国为24.5%；中国生产税净额占比为14.2%，而美国为6.9%。另外，从广义宏观税负（财政收入/GDP）看，2020年中国为18.0%，而美国为16.3%，可见整体而言中国税负更重。

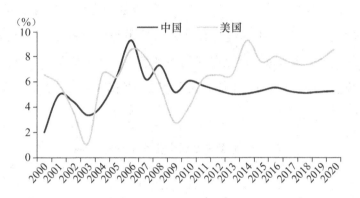

图3-52　中美500强企业销售利润率对比

资料来源：Wind。

▶ 中国研发投入占GDP比重不高。近些年中国研发支出占GDP比重逐步提升，从1996年的0.6%升至2019年的2.2%，但与世界主要大国仍有些差距，如2019年美国为2.8%。

中国进入世界500强的企业构成在改善

整体上，近年来我国世界500强企业仍主要集中在工业、金融和能源行业。但值得注意的变化是，消费和科技类企业占比开始提高，这些行业的头部企业也开始崭露头角。

具体而言，中国入围2020年世界500强的消费类公司有19家，科技类公司有12家。有意思的是，2020年中国上榜的互联网公司（京东、阿里巴巴、腾讯和小米）数量超过了美国（亚马逊、甲骨文、Facebook）。

而且中美互联网公司排名均有所上升,其中提升幅度最大的是阿里巴巴,上升了50位。

从2020年中美世界500强企业行业分布看,中美产业结构仍存在较大差异。具体而言,美国世界500强企业主要分布在金融、工业、消费等行业,而中国则集中在传统周期领域,包括工业、金融、能源和材料(如表3-7所示)。2020年中国部分行业龙头凭借特殊的地位获取超额利润,比如银行业。中国9家上榜银行平均净利润高达213亿美元,远高于全部上榜中国公司的平均利润35亿美元,也高于美国4家上榜银行的平均利润183亿美元。

表3-7 世界500强中国企业的行业分布

所属行业	2005年		2010年		2015年		2020年	
	数量(家)	占比(%)	数量(家)	占比(%)	数量(家)	占比(%)	数量(家)	占比(%)
工业	2	11	13	24	27	25	31	23
金融	5	28	9	17	16	15	23	17
能源	3	17	6	11	19	18	19	14
材料	1	6	7	13	14	13	17	13
可选消费	2	11	5	9	9	8	17	13
信息技术	1	6	6	11	8	8	11	8
公用事业	2	11	5	9	7	7	6	5
电信服务	2	11	3	6	3	3	3	2
房地产					2	2	4	3
医疗保健							1	1
日常消费					1	1	1	1
合计	18	101	54	100	106	100	133	100

注:由于四舍五入,百分比合计不一定为100%。

资料来源:Wind。

中国上市公司市值排名,映射产业结构变化

上市公司往往代表了中国经济发展中优秀的企业,其演变兴替往往反映了产业结构的变化。通过梳理对比2000年、2010年和2020年我国A股、港股和海外中概股市值最大的前50家公司所属行业,可知我国经济结构正逐步转向科技和消费,这些领域开始诞生巨头企业。

具体而言,2010年我国市值最大的前50家上市公司38%来自金融,8%来自消费,12%来自科技。但是到了2020年,我国市值最大的前50家上市公司26%来自金融,44%来自消费,16%来自科技,来自消费和科技行业的头部公司逐步增多(如表3-8所示)。对比2010年和2020年中国前50强公司,可以发现2010年中国头部公司主要来自金融和能源行业,而2020年主要来自金融、科技和消费行业,其中典型的互联网巨头包括腾讯、阿里巴巴、美团、拼多多、京东、小米等,消费巨头包括茅台、五粮液、美的、恒瑞医药等(如表3-9所示)。

表3-8 市值最大的前50家中国公司的行业分布

所属行业	2000年		2010年		2020年	
	数量(家)	占比(%)	数量(家)	占比(%)	数量(家)	占比(%)
工业	8	16	5	10	2	4
金融	5	10	19	38	13	26
能源	4	8	6	12	3	6
材料	3	6	4	8	0	0
可选消费	5	10	2	4	10	20
信息技术	3	6	2	4	7	14
公用事业	9	18	3	6	1	2
电信服务	3	6	4	8	1	2

(续)

所属行业	2000年		2010年		2020年	
	数量（家）	占比（%）	数量（家）	占比（%）	数量（家）	占比（%）
房地产	7	14	3	6	1	2
医疗保健	1	2	0	0	4	8
日常消费	2	4	2	4	8	16
合计	50	100	50	100	50	100

资料来源：Wind。

表3-9　2000年、2010年和2020年中国前50强公司

（市值单位：亿元人民币）

排序	2000年		2010年		2020年	
	前50强	年末总市值	前50强	年末总市值	前50强	年末总市值
1	中国移动	6 193	中国石油	19 992	腾讯控股	45 541
2	长和	2 450	工商银行	15 395	阿里巴巴	42 015
3	恒生银行	2 129	建设银行	14 699	贵州茅台	25 099
4	新鸿基地产	1 980	中国移动	13 181	工商银行	17 128
5	中国联通	1 591	中国银行	9 233	中国平安	15 377
6	中电控股	859	农业银行	8 901	美团-W	14 593
7	恒基地产	725	中海油	7 009	拼多多	14 217
8	宝钢股份	678	中国石化	6 698	建设银行	12 521
9	中信股份	653	中国人寿	6 446	五粮液	11 328
10	电能实业	637	中国神华	5 018	招商银行	10 960
11	香港中华煤气	629	中国平安	4 801	农业银行	10 759
12	太古股份公司A	561	交通银行	3 397	中国人寿	9 065
13	国泰航空	517	招商银行	2 916	京东	9 009
14	浦发银行	500	新鸿基地产	2 823	中国银行	8 567
15	九龙仓集团	492	中国电信	2 803	宁德时代	8 179
16	电讯盈科	486	腾讯控股	2 638	中国移动	7 617

（续）

排序	2000 年		2010 年		2020 年	
	前 50 强	年末总市值	前 50 强	年末总市值	前 50 强	年末总市值
17	联想集团	385	中银香港	2 380	中国石油	7 146
18	申能股份	323	长和	2 363	小米集团-W	7 038
19	长江基建集团	307	中国联通	2 230	美的集团	6 916
20	民生银行	298	百度	2 228	海天味业	6 498
21	东亚银行	298	恒生银行	2 079	恒瑞医药	5 943
22	平安银行	283	中国太保	2 075	金龙鱼	5 873
23	粤电力 A	276	中信银行	1 930	中国中免	5 515
24	恒隆地产	267	浦发银行	1 778	农夫山泉	5 197
25	四川长虹	266	贵州茅台	1 736	迈瑞医疗	5 179
26	首钢股份	260	香港交易所	1 617	比亚迪	5 088
27	兖州煤业	245	光大银行	1 601	蔚来	4 970
28	东方航空	244	中国国航	1 478	百度	4 812
29	首创股份	238	兴业银行	1 441	贝壳（KE）	4 733
30	上海石化	232	中煤能源	1 418	中国石化	4 596
31	陆家嘴	230	九龙仓集团	1 401	香港交易所	4 535
32	石化油服	228	港铁公司	1 390	海康威视	4 532
33	新世界发展	212	恒隆地产	1 382	长江电力	4 357
34	华润啤酒	209	民生银行	1 367	兴业银行	4 336
35	马钢股份	207	上汽集团	1 357	网易	4 292
36	广州发展	199	广发证券	1 332	顺丰控股	4 020
37	郑州煤电	194	五粮液	1 315	京东健康	4 020
38	西部创业	191	中电控股	1 292	邮储银行	3 940
39	电视广播	190	中信证券	1 252	立讯精密	3 928
40	五粮液	190	长江电力	1 249	平安银行	3 753
41	东方电子	176	江西铜业	1 239	格力电器	3 726
42	中关村	173	兖州煤业	1 236	洋河股份	3 556

(续)

排序	2000 年		2010 年		2020 年	
	前 50 强	年末总市值	前 50 强	年末总市值	前 50 强	年末总市值
43	上汽集团	172	中国铝业	1 209	药明生物	3 534
44	同方股份	170	金沙中国有限公司	1 170	隆基股份	3 478
45	恒基发展	167	大秦铁路	1 163	中信证券	3 466
46	中信国安	165	中国联通	1 134	中国神华	3 388
47	城投控股	162	香港中华煤气	1 120	中国太保	3 337
48	国电电力	161	宝钢股份	1 119	泸州老窖	3 313
49	中兴通讯	157	紫金矿业	1 111	山西汾酒	3 271
50	信和置业	157	三一重工	1 095	药明康德	3 268

资料来源：Wind。

回顾历史，中国产业结构基本上每十年发生一次大变迁。

第一次，20 世纪 90 年代，收入水平的提高唤醒了广大人民的消费意识。月度社会消费品零售总额从 1990 年的低点至 1999 年的高点，上涨了 6 倍（如图 3-53 所示）。生活水平提高使得日用百货、家用电器逐渐进入消费视野，1990～1999 年城镇家庭平均每百户拥有的冰箱数量从 42 台上升至 78 台，彩电数量从 59 台上升至 112 台。

第二次，21 世纪初经济全球化席卷全球，中国逐渐成为全球性的制造基地，进入工业制造时代。与此同时，中国城镇化率从 2000 年的 36% 升至 2010 年的 50%，住房需求集中释放。政策层面，1998 年 7 月住房实物分配全面结束，2003 年房地产市场化进程开启。在供需两旺下，2000～2010 年商品房销售面积快速增长（如图 3-54 所示），房地产的高速发展带动了钢铁、汽车、石化、电力及金融等行业进入新一轮景气周期。

图 3-53　1990~1999 年中国月度社会消费品零售总额

资料来源：Wind。

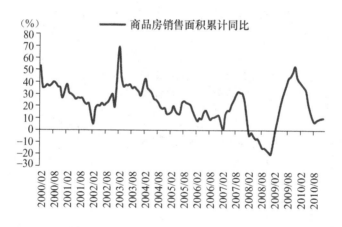

图 3-54　2000~2010 年商品房销售面积

资料来源：Wind。

第三次，2010 年后中国加速产业转型，经济增长动能由投资逐渐向消费和科技切换。消费层面，人均收入提升和人口老龄化加重驱动中国消费升级，医疗、教育、娱乐等新兴消费产业的 GDP 占比上升（如图 3-55 所示），代表性公司包括贵州茅台、恒瑞医药等。科技层面，中国正大力发展高科技产业，传统制造业逐渐向高端化转变，先进制造业 GDP 占比上升（如图 3-56 所示）。

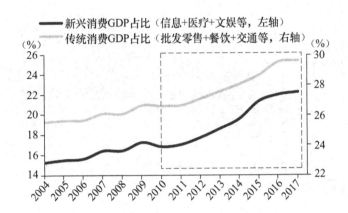

图 3-55　中国传统消费与新兴消费的 GDP 占比

资料来源：Wind。

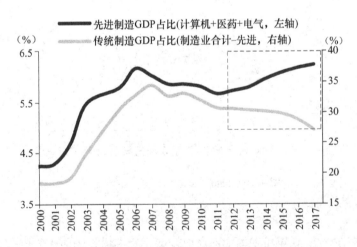

图 3-56　中国先进制造与传统制造的 GDP 占比情况

资料来源：Wind。

目前中国经济结构仍在转型升级中，在这样的产业结构升级转型背景下，预计未来中国进入世界500强的企业将更多来自消费和科技行业。

龙头业绩更强的特征显现

前文分析了不同行业的基本面存在结构分化的特征，实际上在同一行业内部，不同公司的基本面也在分化。类似于美国历史上的"漂亮50"行情，2016年至2020年底，A股龙头公司股价表现较好，这是行业集中度提高和投资者机构化头部化的结果。回顾美国行业集中度提升历史和美股历史可见，A股多数行业集中度提升空间还很大，A股的龙头效应未来仍可能存在。

美股"漂亮50"行情源于龙头业绩更优

"漂亮50"特指在1968年12月~1982年7月震荡走平期间美股备受市场追捧的50只蓝筹股，也被称作"一次性抉择股"，即买入后永远不会卖掉的股票，可见当时市场对其推崇之至。"漂亮50"的成名之战发生在1970年7月~1972年12月这波反弹行情中，当时美股已进入震荡市，市场环境的不确定性增加，投资者纷纷买入业绩靓丽的"漂亮50"股票。

根据Morgan Guaranty Trust所列示的"漂亮50"名单（如表3-10所示）可知，1970年7月~1972年12月"漂亮50"公司全线上涨，累计平均收益率为142.9%（如图3-57所示），而同期标普500、道指分别上涨51.2%、38.9%。

表 3-10 1968 年 12 月~1982 年 7 月震荡市期间"漂亮 50"公司累计收益率概览

公司名称	所属行业	上市状态	累计收益率（%）
斯伦贝谢	能源设备与服务	上市	998.50
菲利浦·莫里斯	烟草	上市	835.70
麦当劳	酒店、餐馆与休闲	上市	684.90
安保集团	资本市场	上市	417.50
强生	制药	上市	345.60
哈里伯顿	能源设备与服务	上市	274.70
MGIC 投资	互助储蓄银行与抵押信贷	上市	267.00
数字设备公司（Digital Equipment Corp.）	计算机	1998 年 6 月 12 日被收购	262.20
百特国际（Baxter Labs）	医疗保健设备与用品	上市	256.50
百事	饮料	上市	243.20
华特迪士尼	媒体	上市	233.40
辉瑞	制药	上市	232.50
美国家庭用品公司（American Home Products Corp.）	特殊药品	已摘牌	196.90
宝洁	居家用品	上市	164.10
陶氏化学	化学制品	上市	140.30
百时美（Bristol-Myers）	制药	上市	139.20
休伯莱恩（Heublein Inc.）	饮料	已摘牌	134.70
旁氏（Chesebrough Ponds Inc.）	家用产品	上市	128.70
通用电气	工业集团企业	上市	123.00
默克	制药	上市	114.20
克雷斯吉（Kresge (S.S.) Co.）		已摘牌	108.60
先灵葆雅（Schering Corp.）	制药	2009 年 11 月 4 日被收购	104.50
施贵宝（Squibb Corp.）	特殊药品	已摘牌	103.90
德州仪器	半导体产品与设备	上市	103.40

(续)

公司名称	所属行业	上市状态	累计收益率（%）
国际香料香精公司（International Flavors & Fragrances）	化学制品	上市	90.60
普强（Upjohn Co.）	制药	1995年11月6日被收购	85.30
礼来制药	制药	上市	68.40
美国医疗设备供应公司（American Hospital Supply Corp.）	医疗保健提供商与服务	上市	68.20
可口可乐	饮料	上市	57.80
IBM	信息技术服务	上市	51.30
路博润	化学制品	2011年9月19日被收购	44.20
伊士曼柯达	电脑与外围设备	上市	41.90
3M公司	工业集团企业	上市	38.10
吉列	家用产品	已摘牌	32.80
百得（Black & Decker Corp.）	家具装潢	2010年3月15日被收购	30.70
杰西潘尼	多元化零售	上市	23.30
施利茨酿酒公司（Schlitz Jos. Brewing Co.）	饮料	已摘牌	22.20
露华浓	个人用品	上市	18.20
路易斯安那地产与勘探公司（Louisiana Land & Exploration Co.）	石油天然气	被收购	17.60
西尔斯百货（Sears Roebuck & Co.）	百货商品	已摘牌	-2.40
埃默里航空货运公司（Emery Air Freight Corp.）	运输业	已摘牌	-5.10
伯勒斯（Burroughs J. P. & Sons Inc.）		已摘牌	-15.00

(续)

公司名称	所属行业	上市状态	累计收益率（%）
国际电话电报公司（International Telegraph & Telephone）	机械制造	上市	-19.60
雅芳	个人用品	上市	-48.20
施乐	电脑与外围设备	上市	-56.70
简约模式（Simplicity Patterns）	生活用纸	已摘牌	-61.20
宝丽来	电子消费品	已摘牌	-78.20
第一花旗（First National City Corp.）		已摘牌	
百威英博（Anheuser-Busch, Inc.）	饮料	上市	
美国运通	消费信贷	上市	

资料来源：WRDS。

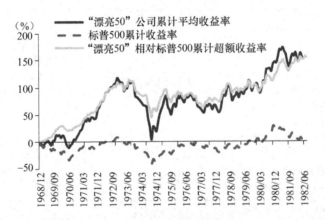

图3-57　1968年12月~1982年7月震荡市期间"漂亮50"收益情况

资料来源：WDRS，Wind。

但是，"漂亮50"的成名之路并非一帆风顺。1973~1974年美股进入下跌阶段，其间"漂亮50"公司股价平均下跌45.2%，而同期标普500、道指分别下跌41.9%、39.6%。与电子热和集团化浪潮一样,"漂亮50"曾沦为市场投机炒作的题材,也遭遇过股价大幅下挫,但不同的是,从更长时间维度看,"漂亮50"是值得把握的投资机会。在1968年12月~1982年7月震荡市期间,"漂亮50"累计平均收益率为156.6%,而同期标普500下跌1.2%。在市场没有趋势性行情背景下,"漂亮50"公司业绩优良,自然成为投资者抱团取暖的首选标的。

"漂亮50"诞生的背景是美国产业结构正在调整期。20世纪70年代美国经济陷入滞胀,经济最大的亮点就是消费,1968~1982年个人消费支出同比增速平均达到6.5%(如图3-58所示),消费占GDP比重也从1968年的59.8%逐步提升至1982年的63.3%。从结构上看,20世纪70年代前后个人耐用品消费支出占比基本不变,但服务消费支出占比提升,非耐用品消费支出占比下降(如图3-59所示)。从行业增加值占GDP比重来看,1968~1982年美国金融地产、教育医疗、信息业占比明显上升,而制造业、运输仓储业、农林牧渔占比下降。

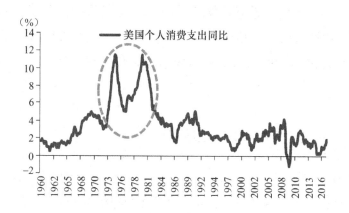

图3-58 美国个人消费支出同比

资料来源:Wind。

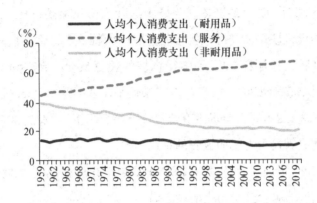

图 3-59　美国个人消费支出占比结构变化

资料来源：Wind。

"漂亮 50"公司抓住消费升级机遇，迅速扩张奠定龙头地位。其所属行业主要为制药、饮料、化学制品、电脑设备等，主要集中于与衣食住行有关的个人消费领域。在美国经济消费升级的背景下，消费领域市场容量不断扩大，传统行业正在经历裂变，新的细分领域不断涌现。部分企业抓住机遇，致力于国际化品牌建设，最终得以抢占先机，实现业绩长期稳定增长。20 世纪 70 年代"漂亮 50"公司的年化净利增速达到 15.3%，这些公司的早期高增长奠定了它们的行业龙头地位。

A 股龙头效应源于行业集中度提高

将中信一级行业市值最大的前三家公司作为成分股，按照自由流通市值进行加权，计算得到 2016～2020 年龙头指数涨幅为 220%，而万得全 A 指数在此期间的涨幅仅为 10%，A 股龙头公司股价表现优异（如图 3-60 所示）。

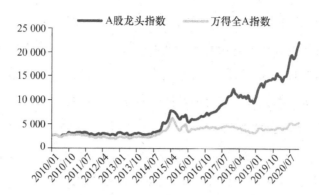

图 3-60　A 股龙头指数和万得全 A 指数表现

资料来源：Wind，截至 2020/12/31。

2019 年 1 月 4 日这轮牛市以来（截至 2020 年 12 月 31 日），对比各中信一级行业市值最大的前五家公司的涨幅均值和行业涨幅，大部分行业的龙头公司股价表现远远优于行业整体水平，A 股龙头公司强者愈强的局面开始出现（如图 3-61 所示）。其中，表现优异的龙头包括：白酒中的贵州茅台、食品中的海天味业、快递中的顺丰控股、机械中的三一重工、医药中的爱尔眼科等。

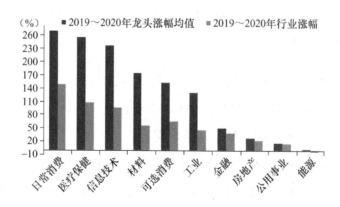

图 3-61　2019～2020 年 A 股各行业龙头公司涨幅

资料来源：Wind。

龙头公司股价表现更强源于它们的业绩更优。对比各中信一级行业市值最大的前三家公司和行业整体的 ROE，可以发现龙头公司业绩整体高于行业水平（如图 3-62 所示）。行业集中度反映了某行业内头部厂商产值或销量等的市场份额分布。在经济发展过程中，随着行业规模效应的逐渐凸显，大型头部企业市场占有份额将不断上升，从而出现各行业集中度上升的现象。而集中度越高，大厂商对市场的定价能力越强，对行业发展产生的影响越大，从而越有可能获得超额利润。

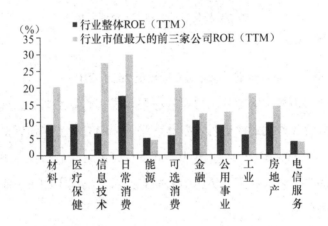

图 3-62　A 股各行业龙头公司 2020 年 Q4 业绩

资料来源：Wind。

借鉴美国经验：自 1970 年起美国经济开始转型，20 世纪七八十年代以低端制造为代表的行业迎来快速发展，行业集中度上升，八九十年代家用电器、电子及机械制造等行业集中度上升。如表 3-11 所示，参考美国 SIC 四位数细分行业，以各行业前 4 大企业出货量计算的市场集中度为基准（CR4），1972～1982 年精制蔗糖、大豆油、啤酒、磷肥、液压水泥等行业的集中度均有不同程度的提升。1982～1992 年，美国电子、飞机等中高端制造行业迅猛发展，家用电器、电子电容器、飞机、船舶建造等行业的集中度呈现快速上升的态势。随着美国各行业集中度提升，各行业龙头业绩表现更强。

表 3-11　美国部分行业集中度对比　　　　　　　　　　（%）

年份	精制蔗糖	大豆油	啤酒	磷肥	液压水泥	工程机械	家用电器	电子电容器	飞机	船舶建造
1970	59	56	46		27	42	46		65	46
1972	59	54	52	29	26	43	57	42	66	47
1977	63	54	64	35	24	47	52	47	59	43
1982	65	61	77	37	31	42	51	50	64	35
1987	87	71	87	48	28	48	54	47	72	49
1992	85	71	90	62	84		70	55	79	53

资料来源：U. S. Census Bureau。

自 2010 年开始，中国部分行业集中度进入快速提升阶段。分阶段看，2010～2015 年黄金、国产轿车、水泥、地产、煤炭行业的集中度均快速提升（如表 3-12 所示）。2015 年底，供给侧改革提出"三去一降一补"，进一步促进了部分消费和制造业行业的集中。2015～2019 年白酒、液体奶、化肥农药、尿素、起重机、冰箱等行业集中度均明显上升。

表 3-12　中国部分行业 2010 年和 2015 年集中度对比

细分行业	2010 年行业集中度（%）	2015 年行业集中度（%）
白酒 CR4	17.0	14.4
化肥农药 CR5	9.7	9.9
挖掘机 CR3	38.2	37.2
起重机 CR3	82.2	86.2
液体奶 CR2	27.6	29.8
地产 CR10	10.1	16.9
尿素 CR4	11.9	11.8
水泥熟料 CR10	44.0	54.0
黄金 CR3	12.7	45.2

(续)

细分行业	2010 年行业集中度（%）	2015 年行业集中度（%）
国产轿车 CR3	37.2	47.3
冰箱 CR3	44.1	44.4
煤炭 CR4	15.6	20.6
空调 CR3	60.5	66.5

资料来源：Wind

A 股龙头效应源于投资者机构化、头部化

美国的股权融资大发展提升了机构投资者占比。20 世纪 80 年代美国股权投融资大发展催生了股市长牛，整个社会非金融企业融资结构中股权融资的占比从 1985 年的 35% 上升至 2000 年的 60%。与此同时，以养老金为代表的长线资金也在 1980 年前后大量进入股市。美国 IRAs 及 401（K）的推出使得美国养老金规模快速上升，养老金入市的比例也随之提高。大量长线资金入市使得美股中机构投资者的占比从 1970 年的 20% 快速上升至 2000 年的 63%。

美国大型机构投资者倾向于配置龙头。美国规模超 50 亿美元的大型股票型基金重仓最多的股票主要是微软、苹果、Visa、宝洁、摩根大通等各行业的龙头公司，这些行业龙头经营良好，能够成为大型基金业绩的压舱石。以伯克希尔-哈撒韦公司在 2020 的持仓分布为例，在其 2699 亿美元的持仓市值中，苹果、美国银行、可口可乐、美国运通、卡夫亨氏的市值占比分别为 43.6%、11.4%、8.1%、6.8%、4.2%，共计 76.1%，可见在美股市场中以伯克希尔-哈撒韦公司为代表的超大型机构投资者持仓结构非常集中，更偏好业绩稳定的行业龙头。

近年来，A 股内外资机构投资者占比持续上升。从内资看，A 股机构

投资者占比上升的长期趋势较为明显,截至 2020 年底,机构投资者自由流通市值持股占比上升到了 33%,而散户投资者自由流通市值持股占比总体呈下降趋势,截至 2020 年底已经下降到了 36%(如图 3-63 所示)。从外资看,截至 2020 年底 A 股外资占自由流通市值比例已经上升到了 9.8%(如图 3-64 所示)。

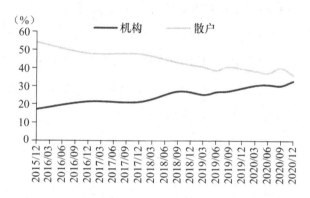

图 3-63　机构和散户投资者自由流通市值持股占比

资料来源:Wind。

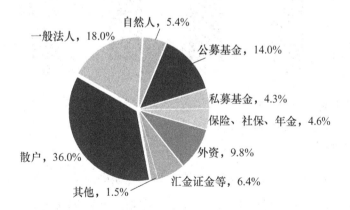

图 3-64　2020 年 Q4 A 股投资者自由流通市值占比

资料来源:Wind。

机构投资者偏好龙头公司。统计2020年Q4我国规模在50亿元以上的大型股票基金重仓股，可以发现这些重仓股基本都是各行业龙头，包括五粮液、贵州茅台、招商银行、立讯精密、美的集团、中国平安、恒瑞医药等。与此同时，外资持续流入巩固龙头地位，参考韩国和中国台湾的历史经验，外资在对新兴市场的股票进行配置时，也更偏好行业龙头。截至2020年Q4，QFII持股市值在500亿元以上的公司占比为78%，陆股通北上资金为82%，股票型基金为71%，保险公司为94%，A股市值中位数为55亿元（如图3-65所示）。具体到个股，这四类机构投资者重仓最多的个股包括贵州茅台、五粮液、美的集团、爱尔眼科等龙头。可见，内外资机构投资者均更偏好业绩好的头部公司。

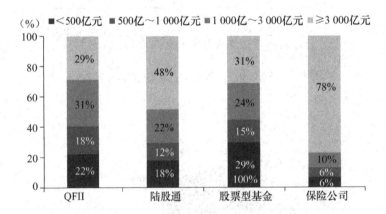

图3-65 2020年Q4各类机构投资者持有的各市值区间股票的市值占比

注：由于四舍五入，加总不一定为100%。
资料来源：Wind。

A股投资者头部化趋势明显，持仓集中且偏好龙头。公募基金是A股机构投资者的主力，近年来总体规模不断扩张，爆款基金频现，单只基金规模持续扩大，大型基金数量越来越多（如图3-66所示）。此外，规模越大的主动型基金持仓结构越集中，越偏向持有市值规模更大和业绩持续性更好的龙头股（如图 3-67 所示）。这是因为大型基金资金体量庞大，高昂的冲击成本使得其更偏好大市值公司，同时大型基金对确定性要求更高，从而偏好业绩持续性更好的公司。

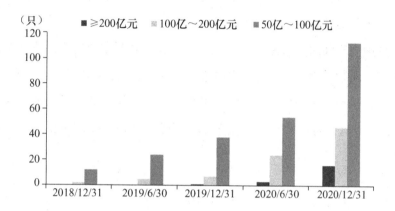

图 3-66　中国大型股票型及偏股混合型基金数量

资料来源：Wind。

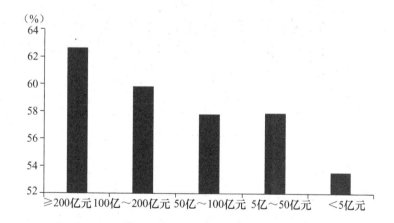

图 3-67　不同规模基金前 10 大重仓股持股市值占比均值

资料来源：Wind。

A股龙头效应较美股仍有差距

对比美国,中国多数行业集中度还有较大提升空间。以各行业前3大头部上市公司营收占比来衡量行业集中度,可以发现基本上美股大多数行业集中度高于我国(如图3-68所示)。但是,需要注意的是,美股传统行业上市公司数量较少,比如中国、美国地产上市公司分别有428家、213家,钢铁上市公司分别有71家、20家,家用电器上市公司分别有69家、7家,所以这种行业集中度的计算方法可能会低估A股传统行业的龙头地位。

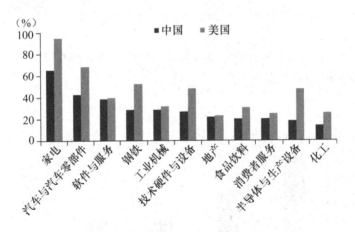

图3-68　2019年中美各行业营业收入集中度CR3

资料来源:Wind。

回顾历史,改革开放后中国依次经历了3轮产业结构变革,不同经济发展时期主导行业各异,20世纪90年代日用消费品腾飞,21世纪初工业化和地产链崛起,21世纪10年代新兴消费和高端制造发力。20世纪90年代和21世纪初经济主导产业中的龙头公司日渐成熟,足以与美国同类媲美,比如家电、钢铁、地产、水泥等。然而,

21世纪10年代经济主导产业中的龙头公司还在成长，与美国同行相比仍有较大成长空间，比如科技、新能源车、创新药、机械设备等。

总之，中美行业集中度仍然有较大差距，当前中国行业集中度仍处在提升初期。随着中国行业集中度进一步提升，未来龙头公司将长期享受溢价，主要体现在两方面：第一，龙头公司享有估值溢价，以各中信行业市值最大的前三大公司作为龙头组合，统计得到A股龙头PE（TTM，整体法）/A股整体PE（TTM，整体法）小幅上升，而同期美股龙头PE/美股整体PE升幅更大（如图3-69所示）。第二，龙头公司成交额占比将进一步提升。截至2020年12月31日，A股市值前10%和前30%的公司2020年成交额占比分别为39%和66%，而美股则高达75%和93%（如图3-70所示）。

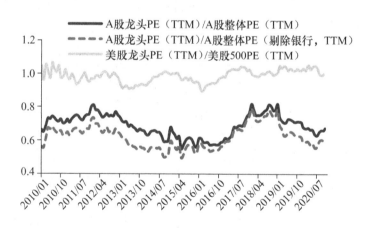

图3-69　中美股市龙头公司估值溢价程度对比

资料来源：Wind。

图 3-70　中美股市龙头公司成交额溢价程度对比

资料来源：Wind。

| 第 4 章 |

把脉产业演变

行业比较研究是策略研究的重要组成部分,其从宏观自上而下的角度出发,结合中观行业数据信号,把握产业演变动向,进而在行业层面寻找最优的投资机会。本章首先介绍行业比较的分析框架,包括通过市场风格定位投资大方向,从中长期、中短期两个视角探讨行业比较分析方法,结合案例说明分析机构持仓及行业超额收益的意义。然后,回顾中美股市历史表现,从产业结构变迁出发,探讨股市行业表现背后的产业逻辑。最后,重点聚焦科技、智能制造、消费类行业,借鉴海外经验并结合中国当前现实,分析中国经济转型期这些重点行业的特征。

寻找长坡:行业比较分析框架

行业比较分析通常从风格定位投资大方向、盈利估值匹配程度分析、机构持仓及超额收益分析三个角度出发,展望行业发展趋势,寻找优质赛道。

风格定位投资大方向

市场风格的划分主要有两种,一是大小盘风格,二是价值成长风格。

不同的行业有不同的风格属性，分析市场风格特征是行业比较的重要组成部分。回顾历史，可以发现美股、A 股都存在典型的大小盘风格轮换特征。一般而言，美股大小盘（大盘：标普 100 指数，小盘：罗素 2000 指数）的轮换周期为 3～6 年（如图 4-1 所示）；A 股作为新兴市场，大小盘（大盘：申万大盘指数，小盘：申万小盘指数）轮换周期较短，一般是 2～3 年。具体来看，2008～2010 年末、2013～2015 年末 A 股小盘胜出，2011～2012 年末、2016～2021 年 5 月 A 股大盘占优（如图 4-2 所示）。

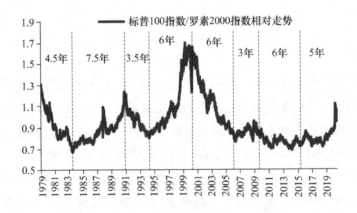

图 4-1　美股大小盘的轮换周期

资料来源：Wind。

从价值成长风格轮换来看，美股 2000～2009 年价值成长（价值：道琼斯指数，成长：纳斯达克指数）风格轮换较快，但 2009 年起成长风格持续占优（如图 4-3 所示）。A 股的价值成长（价值：上证 50 指数，成长：创业板指）风格轮换在 2019 年之前与大小盘风格轮换基本同步，即价值占优时大盘股胜出，成长占优时小盘股表现优异。但 2019 年起成长价值和大小盘风格的轮换出现分化，在大盘股持续占优时，风格回归成长，截至 2020 年末仍在这一趋势中（如图 4-4 所示）。

图 4-2　A 股大小盘的轮换周期

资料来源：Wind。

图 4-3　美股价值成长的轮换周期

资料来源：Wind。

市场风格的核心决定因素是企业盈利，这是因为企业盈利能力是决定股价涨跌的根本，盈利趋势分化是风格切换的分水岭，例如 2016～2017 年的价值占优以及 2018 年的风格弱化均与盈利趋势的变动有关。而经济基本面、相对估值、流动性等其他因素会对市场风格有一定影响,但并非决定性因素,例如流动性对风格的影响并不稳定,最典型的矛盾是2013年与2017年均出现利率上行、流动性下降,但市场风格在2013年是成长占优,在2017年则是价值占优。

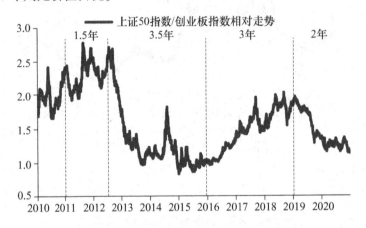

图4-4　A股价值成长的轮换周期

资料来源:Wind。

近几年市场风格出现了新的变化,随着行业集中度提升,头部公司业绩更优,大市值优势明显。对比美股,A股各行业集中度仍有较大提升空间(如图4-5所示)。而2014年沪港通开通后,外资不断流入A股,由于外资偏好龙头公司,进一步强化了A股龙头化趋势。2015~2020年末,A股市值最大的20家公司股价涨幅中位数为296%,市值前10%的公司为132%,高于A股的中位数1.8%。韩国和中国台湾股市也出现过这种现象,1997~2005年韩国外资持股占比提升至23%(如图4-6所示),KOSPI 200指数/KOSPI指数从1.0提高到1.2;2003~2008年中国台湾外资成交额占比从14%升至30%,其间中国台湾50指数相对于中国台湾加权指数溢价率在1以上。

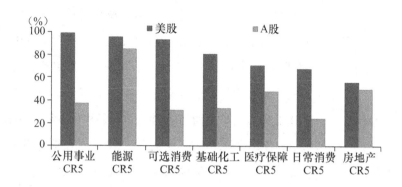

图 4-5 中美部分消费和周期行业集中度对比（截至 2019/12/31）

资料来源：Wind。

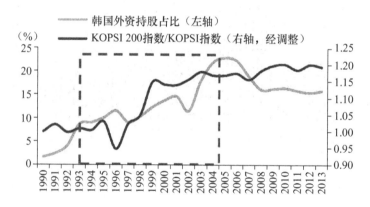

图 4-6 韩国外资持股占比与 KOSPI 200 指数/KOSPI 指数

资料来源：Wind。

盈利估值匹配程度分析

在行业比较研究中，通常需要从中长期和中短期两个视角来寻找赛道，这两个视角的研究方法也存在一定差异。

从中长期看，决定产业发展趋势的核心变量主要有三个：第一，逃不开的人口周期。所有的行业和公司生产的产品都需要被消费，人口结构会影响行业的需求，例如中国第一、二波婴儿潮当前正步入老年（如图4-7所示），老龄化将提高医药产业需求。第二，挡不住的技术渗透。技术进步会改变行业生态，能够显著提升社会效率，改善生活水平。第三，少不了的产业政策。产业政策其实就对应柯布-道格拉斯函数中的系数alpha和beta，二者的大小决定了劳动和资本的配比关系，结合中国现实特征，产业政策能够对行业发展施加非常大的影响。

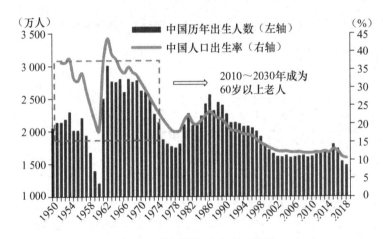

图4-7　中国历年出生人口情况

资料来源：Wind。

以我国为例，过去30年，我国每十年就会出现一轮产业结构的更替和变迁。1990～2000年，社会主义市场经济体制确立后，消费制造飞速发展。居民消费意识觉醒推动日用百货和家电先后崛起。21世纪我国进入工业制造时代，加入WTO使我国开始分享全球化红利，城镇化加速，推动房地产产业链进入黄金期。2010年以来，中国经济步入由大变强阶段，先进制造与消费升级成为主旋律，医疗保健、文娱教育等消费显著提升，先进制造业飞速发展。展望未来，消费升级和制造升级两个中长期产业趋势比较明确,人均收入提升将推动消费升级走向品牌化和服务化,随着 5G 乃至 6G 的普及应用,信息化、智能化也将成为制造业的大势所趋。

从中短期看,行业比较研究更加关注盈利与估值匹配。通过构建 PEG、PB-ROE 模型分析各板块的估值盈利匹配度。消费和科技类行业通常用 PEG 模型做横向比较,即分析净利润同比增速 G 与估值 PE 的匹配情况。金融地产、能源材料类行业通常用 PB-ROE 模型做横向比较,即分析 ROE 的历史分位数与 PB 的历史分位数的匹配情况。

机构持仓及超额收益分析

当基金持仓比例处于历史低位时,如基本面好转,行业将有明显的超额收益。可以通过基金持仓中行业市值占比/沪深 300 中该行业市值占比判断基金超配情况,通过行业指数收盘价/沪深 300 收盘价判断行业获得超额收益的情况。例如 2012 年 Q3 基金持仓中白酒市值占比/沪深 300 中白酒市值占比达 2.53,超配达历史高点,白酒 ROE(TTM,下同)达 41.2%,之后塑化剂、禁酒令等冲击拖累白酒基本面,白酒大幅跑输沪深 300。2015 年 Q1 基金持仓中白酒市值占比/沪深 300 中白酒市值占比降至历史最低的 0.44,ROE 仅为 18.8%,此后基本面崛起带动白酒大幅跑赢沪深 300(如图 4-8 所示)。再比如 2015 年 Q1 计算机的超配情况处历史高位,基金持仓中计算机市值占比/沪深 300 中计算机市值占比达 7.4,随后计算机基本面下滑,归母净利润累计同比从 2015 年 Q1 的 36.2% 降至 2018 年 Q4 的 -55.2%,ROE 从 10.9% 降至 3.7%,导致计算机大幅跑输沪深 300(如图 4-9 所示)。

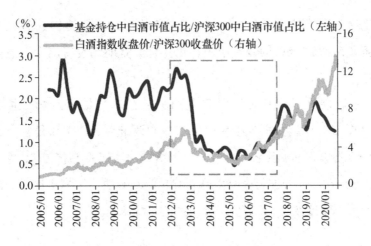

图 4-8 白酒基金超配率及指数相对走势

资料来源：Wind。

图 4-9 计算机基金超配率及指数相对走势

资料来源：Wind。

大类行业需中观分析

前文分别从市场风格、盈利估值匹配程度、机构持仓及超额收益分析三个角度，自上而下建立了行业比较分析框架，但每个行业都有自身的中观特征，因此在行业比较分析时需要从大类行业角度进行中观分析。通常将行业分为科技、消费、金融地产、制造、能源及材料五大类。五个大类行业中，从市值占比看，2020年末A股科技、消费、金融地产、制造、能源及材料行业分别为15.3%、30.7%、23.5%、15.7%、14.9%，美股分别为33.2%、35.0%、14.3%、7.5%、10.0%；从净利润占比看，2020年A股科技、消费、金融地产、制造、能源及材料行业分别为5%、13%、58%、10%、15%，美股科技、消费、金融地产、制造分别为39%、31%、37%、4%，能源及材料亏损。当前中国处于经济转型期，类似于20世纪80年代的美国，未来科技、消费、智能制造行业在经济中的占比有望提高。因此，本章后半部分会对这些大类行业展开详细分析。

产业更替：十年一变

在寻找行业层面的投资机会时，首先需要把握产业演变的动向，这是因为股市是实体经济的晴雨表，反映着实体经济的走势和行业结构性的变化。实体经济发展和变化决定着产业结构的变迁，不同的产业结构决定行业发展优劣与先后，从而使优质赛道也发生着巨大的变化。本节在回顾中美两国股市历史表现的基础上，从产业结构变迁出发分析股市的起伏更迭。

美国篇：美股领涨行业与产业变迁密切相关

1. 1968～1982年："漂亮50"艳压群芳

美股"漂亮50"主要集中在制药、饮料、食品等消费行业（如图4-10

所示）。1970年7月～1972年12月"漂亮50"公司全线上涨，平均累计收益率为142.9%。1973～1974年美股进入下跌阶段，"漂亮50"公司股价平均下跌45.2%。从1968～1982年长视角来看，传统品牌消费整体仍上涨且持续大幅跑赢指数，1968年12月～1982年7月期间美股"漂亮50"平均累计收益率为156.6%。

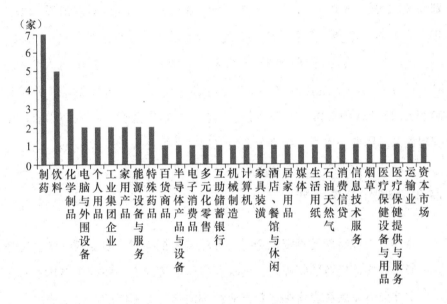

图4-10　20世纪70年代美股"漂亮50"行业分布

资料来源：Wind，WRDS。

"漂亮50"缘起20世纪70年代美国"滞胀"背景下消费需求的大幅增长。1968～1982年美国经济主导产业从工业向消费和科技转型，消费需求快速增长，服务消费崭露头角，自主品牌消费初步崛起。1968～1982年美国实际GDP年化增速为2.5%，居民收入与消费快速增长，人均收入、人均消费支出年化增速达到8.9%、8.7%，个人消费支出占GDP比重从59.2%提升至61.9%，同时贫富差距缩小，后90%美国家庭净资产占比从

29.5%升至34.1%,全民收入提高和贫富差距缩小助力传统消费产业快速扩张。与此同时,20世纪70年代前后美国加速融入全球化经济,大量外国廉价商品的涌入加剧了美国市场各行业内的竞争,促使消费品牌理念崛起。

2. 1982～1990年:"漂亮50"表现分化

1982年8月～1990年12月,随着美国商品消费升级到服务消费,"漂亮50"股票走势开始分化:创新药、科技涨幅居前,代表性公司如迪士尼涨幅为3.9倍,默克制药为7.6倍,微软为8.9倍;传统大众消费品牌龙头涨幅较小,代表性公司如麦当劳涨幅为2.5倍,同期标普500指数涨幅为0.8倍。

这一时期的背景是美国人均收入加速上升、人口老龄化加深与代际财富分化助推消费升级,消费服务业迎来大发展。经济方面,1982～1990年实际GDP年化增速4.0%,人均收入从12 021美元升至19 641美元,人均消费支出从8919美元升至15 225美元。人口方面,老龄化程度进一步加深,代际财富分化扩大。1982～1990年美国65岁以上老龄人口占比从11.6%升至12.5%,年龄中位数从30.5岁升至32.8岁(如图4-11所示)。

服务消费崛起有着深层次的原因,整体上老年人比年轻人更富裕,导致老年人所需的服务消费如医疗保健、养老等前景更好,消费服务业开始崛起。并且在政策导向方面,20世纪80年代初美国宏观政策转向反通胀,以供给管理为主。里根政府通过宏观政策调控支持高新企业发展,助力经济结构向科技和高端制造转型,计算机与电子、信息、医疗保健行业迅速崛起:1982～1990年美国保健和社会救助业增加值占GDP比重从4.6%升至5.8%;美国传统制造业如机械、食品、饮料及烟草制品、纺织业等增加值占比均开始下滑。

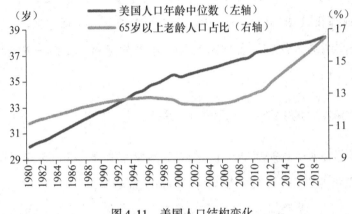

图 4-11 美国人口结构变化

资料来源：Wind。

3. 1990～2000年：科技行业强势崛起

1990～2000年科技、医疗保健表现强势，产业结构进一步升级至科技行业。其中代表性科技、医药龙头如思科1990年12月～2000年3月股价涨幅为562倍，甲骨文为199倍，微软为52倍，德州仪器为44倍，辉瑞制药为12倍，大幅超出标普500指数的4.5倍。而"漂亮50"在这一时段黯然退场，代表性公司如麦当劳涨幅仅为4.6倍，百事可乐仅为2.4倍。

这一时期市场最大的行情来自互联网泡沫。1994年Mosaic浏览器及World Wide Web的出现，掀起了互联网第一波热潮，与科技及新兴互联网相关的公司股价大幅上涨，1995～2000年纳斯达克指数涨幅高达571%。1990～2000年，标普500GICS行业分类中软件与服务行业净利润从6.9亿美元升至180.3亿美元，净利润占比从0.5%升至4.5%，美国信息业增加值占GDP比重也从4.1%升至4.6%，计算机和电子产品增加值占GDP比重从1.7%升至2.2%（如图4-12所示）。

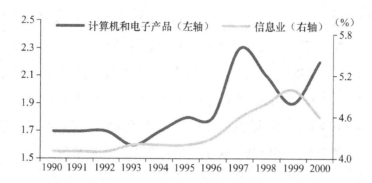

图 4-12　1990~2000 年美国部分行业增加值占 GDP 比重

资料来源：Wind。

4. 2000~2007 年：金融、能源行业领涨

2000 年互联网泡沫破灭和 2001 年的"9·11"事件，使美国经济遭受重创。为刺激经济增长，美联储 2000~2003 年将目标利率从 6.5% 的高位下调到 1%，且保持低利率至 2004 年中（如图 4-13 所示）。

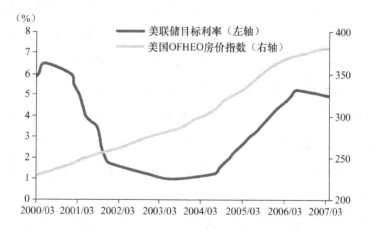

图 4-13　2000 年 3 月~2007 年 10 月美联储目标利率、房价走势

资料来源：Wind。

股市表现上，美股2000~2003年初持续走熊，其间标普500最大跌幅为48%。2003年开始，受益于宽松政策刺激，美股再次走牛，并且一直持续到2007年10月次贷危机爆发。其间以能源为首的大宗商品金融化程度不断加深，能源行业领涨，此外经济企稳回升后房地产行业大规模扩张，2002~2007年美国20个大中城市房价长期保持10%以上的增长，带动地产及金融板块上行。能源和金融地产的代表性龙头如雪佛龙期间涨幅为586%，贝莱德为400%，数字房地产为317%，高盛为268%，西蒙地产为248%，埃克森美孚为181%，而上一阶段表现突出的医疗和科技龙头表现一般，辉瑞制药期间涨幅为-11%，微软为73%，英特尔为65%，标普500为84%。反映到行业利润层面，能源、金融行业业绩向好。在标普500GICS行业分类中，能源行业净利润从2002年的28.60亿美元升至2007年的126.18亿美元，多元金融行业从42.87亿美元升至105.88亿美元。

5. 2009~2020年底：市场热点重回科技

2009年前后正处新一轮科技浪潮萌芽期。2007年1月苹果发布第一代智能手机iPhone，引领了移动互联创新发展的浪潮。2008年10月搭载Andriod系统的HTC G1发布，智能手机终端进入两极格局，苹果、谷歌两大巨头带领美国开启新一轮的创新周期，全球新一轮产业周期开启。美股于2009年3月开启新一轮牛市，截至2020年底纳斯达克指数涨幅为835%，其中代表性龙头公司Netflix股价涨幅为10 345%、英伟达为6759%、亚马逊为4927%、苹果为4722%、微软为1684%、德州仪器为1430%。

新一轮美国科技股崛起的背后是政府对科技产业的支持。2009年美国白宫首次发布《美国创新战略1.0》，提出推动私营部门科技创新，加大创新投资。2015年10月《美国创新战略2.0》发布，继续强化教育、科技以促进经济。受益于互联网技术升级，新兴网络媒体崭露头角，大型科技公司提供优质流媒体服务并从中获利，科技板块基本面整体向好。2009 年至 2020 年底，Netflix、亚马逊、苹果归母净利润年化同比分别为 29.7%、30.7%、29.8%，而同期纳斯达克、道琼斯指数成分股仅为 11.4%、6.0%。

中国篇：中国产业结构变迁与股市表现回顾

回顾 A 股近 30 年的发展历史，中国股市每十年就会出现一轮行业表现更迭，而股市行业表现更迭的背后是产业结构的变迁。

1. 20世纪90年代：消费意识觉醒推动消费品、家电崛起

20 世纪 90 年代是我国改革开放全面展开的关键时期，经济建设成为时代主题，人民物质生活水平实现了长足提高。1992 年召开的中共十四大正式确立社会主义市场经济体制，从制度层面为经济体制改革扫清障碍，中国改革开放步伐明显加快，经济建设进入快车道。20 世纪 90 年代中国实际 GDP 增长率大幅提高并维持在 10% 左右，城镇居民家庭人均可支配收入于 1997 年突破 5000 元人民币关口（如图 4-14 所示）。广大人民物质生活水平持续提高，消费意识逐渐觉醒。

这一时期我国社会消费品零售月度总额从 1990 年的低点 554 亿元上升至 1999 年的高点 3383 亿元（如图 4-15 所示）。广大人民不再满足于生活必需品的消费，为了实现生活水平的提高，日用百货、家用电器逐渐进入消费视野。购买冰箱、洗衣机、彩电成为风靡一时的社会时尚，是富裕家庭的标准配置，1990～1999 年，中国城镇家庭平均每百户拥有的冰箱数量从 42.33 台上升至 77.74 台，彩电数量从 59.05 台上升至 111.57 台，基本上实现了翻倍。

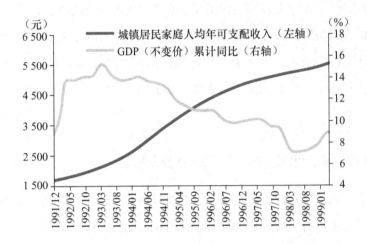

图 4-14　20 世纪 90 年代中国城镇居民人均可支配收入和 GDP

资料来源：Wind。

图 4-15　1980～2000 年中国社会消费品零售总额

资料来源：Wind。

借乘经济体制改革的东风，沪深两地的证券交易所在 20 世纪 90 年代初期先后成立，拉开了中国发展证券市场的序幕。此时恰逢消费品需求集中释放，消费品类的股票表现优异，但是在第一轮牛市初期（1990/12～1992/05），因股市成立不久，上市公司数量十分有限，未能观察到明显的行业表现分化现象。随着上市公司数量的显著增多，第一轮牛市后期（1992/11～1993/02）涨幅居前的公司出现了许多消费品公司的身影，例如海立股份、豫园商城、金枫酒业等。第二轮牛市期间（1996/01～2001/06），以青岛海尔、春兰股份、四川长虹和深康佳为代表的家电行业巨头开始崭露头角。家电行业在第二轮牛市的第一阶段（1996/01～1997/05）表现尤其优异，在1998年1月9日市值最高点时，家电行业总市值占全市场的7.6%。对比市场当时16亿元的市值中位数，四川长虹、青岛海尔、春兰股份、深康佳A的总市值分别为市场中位数的40.6倍、8.0倍、5.7倍、4.2倍。

2. 21世纪初：入世和城镇化推动外贸、地产高速发展

21世纪初，经济全球化与信息化浪潮席卷全球，新一轮产业结构调整和国际产业转移迅速展开，大量制造业企业转移至中国，中国加速进入工业制造时代。这一时期我国25～39岁住房刚需人群达到阶段顶峰（如图4-16所示），城镇化率从2000年的36%升至2010年的50%，住房需求集中释放。政策层面的变化也为房地产行业的发展创造了条件，1998年7月，国务院发布《关于进一步深化城镇住房制度改革加快住房建设的通知》，全面结束住房实物分配，2003年国务院发布《关于促进房地产市场持续健康发展的通知》，开启了房地产市场化的进程，商品房销售维持了多年的高速增长，2000～2010年商品房销售面积累计同比年度平均值为22%。

加入WTO和房地产新政为中国经济发展注入了新的动力，对外贸易和房地产产业推动中国经济高速增长，进入了新一轮景气周期。在这一背

景下，股市在 2003～2004 年迎来了以钢铁、石化、汽车、电力和银行为代表的"五朵金花"行情。从 2005 年开始，地产行业进入高速发展阶段，并逐渐成为经济发展的重要支柱，地产产业链相关企业在资本市场上表现优异。在 2005～2007 年牛市中，上证综指创纪录地从 998 点攀升至 6124 点，地产产业链迅速崛起，上游的有色金属、煤炭开采，中游的工程机械、卡车、钢铁、建筑建材，以及下游的地产，出现了产业轮动现象。2008 年后，为了应对国际金融危机的影响，在 4 万亿投资叠加宽松货币政策推动下，股市于 2008 年底～2009 年再次出现一轮牛市，地产产业链表现依然突出。

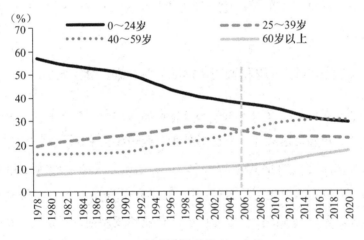

图 4-16 中国各年龄段人口占比

资料来源：Wind。

3. 2008～2020 年底：消费板块领涨，科技板块次之

近年来消费升级现象逐渐引起重视，其实中国自 2008 年起已能够观察到明显的消费升级现象，消费升级已持续长达十余年。

从市场整体来看，若将2008年10月28日上证综指1664点视为下一轮牛市的起点，可以发现2008年至2020年底消费和科技板块整体表现优秀，但消费板块表现更强，科技板块仅在2012年12月~2015年6月创业板牛市期间表现亮眼，长期看略逊于消费板块。从细分行业来看，自2008年10月28日上证综指1664点至2020年底，整体涨幅前五的行业分别为：食品饮料（1362%）、家电（1206%）、休闲服务（1098%）、电子元器件（838%）和医药生物（738%），其中食品饮料行业中白酒涨幅达到2017%，而同期上证综指涨幅仅为102%。

从代表性个股角度看，2008年10月28日至2020年末，贵州茅台、古井贡酒等白酒类股票，以及格力电器、苏泊尔等家电类股票涨幅十分可观，其中古井贡酒7834%、伊利股份4870%、贵州茅台3712%、格力电器2784%、苏泊尔1791%，显著高于全部A股涨幅的中位数160%。深入分析可以发现，这些涨幅居前的消费类股票都有着坚实的基本面支撑，消费升级显著提高了这些股票的业绩表现，个股净利润复合年增长率均显著高于全部A股的平均水平：古井贡酒39.4%、格力电器22.4%、贵州茅台23.3%、苏泊尔18.7%、伊利股份22.1%，而全部A股数据为14.1%。

消费股的优异表现来自宏观基本面的坚实支撑，这一时期正是居民收入快速增长、消费水平快速提高的关键阶段。从宏观经济数据来看，2008~2020年GDP从31.9万亿元增长至101.6万亿元，GDP年均增长率达到10.1%，城镇居民人均可支配收入从15 549元上升至43 834元，2008~2019年全体居民消费水平从8504元上升至27 702元。与此同时，2008年开始城镇居民家庭和农村居民家庭恩格尔系数均进入了快速下降通道，城镇居民家庭恩格尔系数从2008年的37.9%下降至2020年的29.2%，农村从43.7%下降至32.7%。消费升级强化了最终消费对经济发展的拉动作用，2008年起最终消费支出对GDP增长贡献率呈上升趋势，并于2019年达到57.8%，成为我国GDP增长的第一大动力（如图4-17所示）。

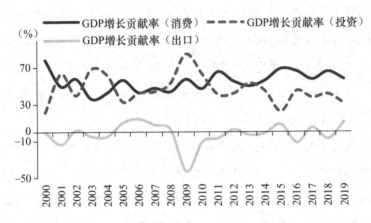

图4-17　中国消费、投资、出口的GDP增长贡献率

资料来源：Wind。

科技行业投资时钟：借鉴美国

科技创新是产业发展的动力，是社会进步的支撑，科技行业中必然会涌现出优秀的投资赛道。本节及下一节聚焦科技行业，分析行业演变带来的投资机会。回顾历史，科技创新最为成功的是美国，其在20世纪八九十年代的科技进步成果是众多国家学习的典范。因此本节回顾借鉴20世纪80年代开始的美国科技类行业投资时钟，从宏观背景、产业结构、股市映射三个视角分析美国科技进展。他山之石，可以攻玉。

1980~2000年美国科技浪潮的宏观背景

20世纪70年代，能源危机对美国传统制造业造成严重冲击，美国经济停滞、通胀严重、失业率高企（如图4-18所示）。滞胀冲击下，美国国际竞争力下挫，支柱产业钢铁和汽车出现不同程度的衰退。1960~1980年美国钢铁全球市场份额从26%降至14%，汽车从48%大幅降至20.6%；进口汽车占国内汽车销量的比重从1960年的7.5%上升到1980年的26.5%，汽车产量从1973年的1200万辆下降到1980年的800万辆。1970~1980年，美国GDP占全球比重从36.17%下降到25.48%，而同期日本和欧盟GDP所占份额快速上升（如图4-19所示）。

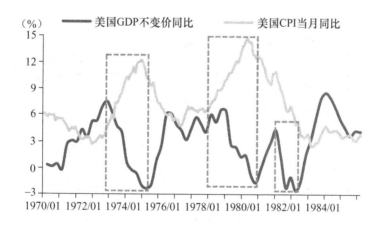

图4-18　美国GDP不变价同比和美国CPI当月同比

资料来源：Wind。

面对国内困局和国际竞争，美国从宏观、产业、金融政策角度三箭齐发，促进科技发展、产业转型。20世纪80年代初美国宏观政策重点从扩大需求转向反通胀，由需求管理转向供给管理，同时颁布相关法律，形成"企业主导"的科技创新战略，成功实现经济转型。产业政策重心在20世纪 80 年代、90 年代有所区别：80 年代美国注重联邦技术向私人部门转移，通过减税、企业合作等政策促使科研成果转为经济效益。90 年代美国将科技创新提高到国家战略层面，以信息技术为中心，注重民用科技发展。金融层面，新兴科技产业处于起步期且多为轻资产，难以通过抵押获得足够资金。20 世纪 70 年代开始，美国进行投融资双向改革，创新企业通过 IPO 或定增获得融资（如图 4-20 所示）。除了投融资双向改革，美股还引入养老金等中长线资金，提高机构投资者占比，以 401（K）为代表的养老金成为美国股权投资基金最主要的资金来源，占比在 1978～1994 年间逐步由 15% 上升至 47%，推动美股长牛。

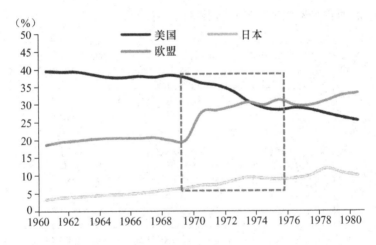

图 4-19　美国、日本、欧盟 GDP 全球占比

资料来源：Wind。

美国科技浪潮演进与产业结构转型

科技的崛起带来生产方式的变革，各行业生产效率显著提高，进而推动产业结构的优化升级。这一过程可分为三个阶段：第一，关键技术突

破；第二，新产业崛起；第三，传统产业升级。

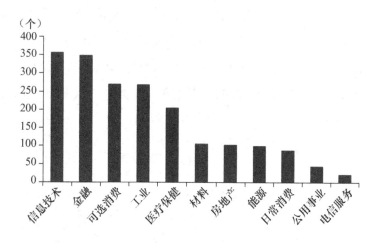

图 4-20　1970～1999 年美国各行业 IPO 数量

资料来源：Wind。

第一步，关键技术突破。关键技术突破往往触发科技周期及产业结构调整：20 世纪 80 年代，美国半导体、路由器等技术不断革新，个人计算机（PC）出现并迅速普及，美国居民 PC 拥有率从 1984 年的 8.2% 升至 1990 年的 21.7%，到 2000 年达到 51%，为互联网走进千家万户奠定了硬件基础。

"蓝色巨人" IBM 在 1981 年推出首款个人计算机 IBM-PC 宣告 PC 时代来临，随着 1983 年康柏公司推出第一款商用 IBM-PC 兼容机，PC 快速普及。处理器方面，Intel 在 1979 年生产的 8086 处理器为 PC 提供了关键技术支持，PC 兼容机制造商均使用 Intel 处理器以和 IBM-PC 兼容。此后 Intel 相继推出 80836、奔腾处理器，垄断半导体行业。操作系统方面，1990 年微软发布 Windows 3.0，真正实现人机交互。之后微软与多家软件公司合作，多数软件基于 Windows 系统开发，微软得以垄断操作系统市场。80 年代计算机的推广为 90 年代互联网的发展打下基石，80 年代前互联网仅用于军方,直到 1986 年美国国家科学基金会建立 NSFNET,网络才进入民间。同年思科推出首款多协议路由器,互联网正式走进美国人的生活。1995 年微软基于 Mosaic 浏览器推出的 IE 1.0 允许人们对网上信息进行搜索、浏览。1995～2000 年以雅虎为代表的网站出现,政府部门、学校、公司到个人都在自建网站,人类进入信息爆炸时代(如图 4-21 所示)。

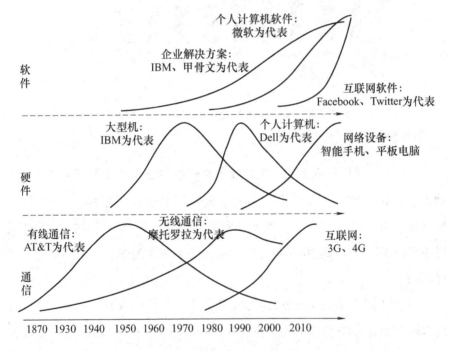

图 4-21　通信、硬件、软件服务的技术扩散

资料来源:Diffusion if Innovation, Grossing the Chasm。

第二步,新产业崛起。计算机与互联网发展的直接效应是美国信息产业发展、劳动生产率提高且 GDP 占比攀升;航天、生物医药产业也依托科研投入,进入快速发展阶段。

信息产业劳动生产率从 1992 年的 1.13 上升到 2000 年的 1.58（以 1990 年为 1）。1987~2000 年信息产业增加值从 1613 亿美元增长到 6329 亿美元，GDP 占比从 3.4% 增长到 6.2%（如图 4-22 所示），其中计算机和电子增加值从 851 亿美元增长到 2254 亿美元，GDP 占比从 1.8% 增长到 2.2%。传统制造业衰落时，信息产品出口迅速增加，1994~2000 年，美国半导体出口总值从 269.28 亿美元增长到 600.79 亿美元，通信设备从 175.87 亿美元增长到 312.68 亿美元。以信息产业为代表，美国其他科技产业也驶入快车道。航空航天领域美国领跑者地位稳固，1995 年"阿特兰蒂斯号"航天飞机与俄罗斯的"和平号"转轨站对接，为建造国际空间站积累了经验。1997 年美国发射有史以来体积最大的土星探测器"卡西尼号"，同年发射的"火星探路者"探测器飞行 7 个月到达火星，为探索宇宙迈出重要一步。依托研发投入，美国成为生物技术产业的领跑者，1992~2002 年美国生物技术产业 R&D 投入从 49 亿美元增长到 157 亿美元，年均增速达 31.8%（如图 4-23 所示）。1998 年起，美国每年生物技术专利数超 7000 件，生物技术占专利比重由 1992 年的 4.3% 上升到 2002 年的 8%。技术进步使生物技术行业规模迅速扩大，1993~2000 年，美国生物技术产品销售额从 70 亿美元增长到 193 亿美元，从业人数从 9.7 万人增长到 17.9 万人。

第三步，传统产业升级。科技创新通过生产方式变革、生产设备更新等手段提高传统产业的劳动生产率，一些衰退中的产业重获竞争力。

农业上，农业机械化和农药、化肥提高了农业生产效率，计算机和信息技术优化了农场管理，美国农业劳动生产率从 1970 年的 0.524 上升到 2000 年的 0.917（以 2005 年为 1）。1970~2000 年，美国农业就业人数从 339 万人下降到 246 万人，农作物单位产量却不断上升，例如玉米单位产量从 72.4 蒲式耳/英亩上升到 136.9 蒲式耳/英亩，每个农业劳动力可以养活的人数从1960年的25.8人增长到1989年的98.8人。制造业方面，技术提高了生产效率，美国制造业工业生产指数从1980年的48.91上升至2000年的98.2（以2012年为100），1993~2000年产能利用率一直维持在80%以上。以汽车为例，计算机设计和试验系统开发制造工艺更新了控制系统和内燃机，提升了生产效率；运用互联网进行经营、订货、客户沟通，加强了国际竞争力。汽车行业产能利用率从1991年的64.1%上升到2000年的81.7%（如图4-24所示），行业增加值占GDP比重从1990年的0.9%上升到2000年的1.3%。1991~2000年，汽车行业出口总值从398.9亿美元增长到803.6亿美元，涨幅达101.4%。尤其在1994年，美国汽车行业的产量和收入超过日本，重回世界第一。

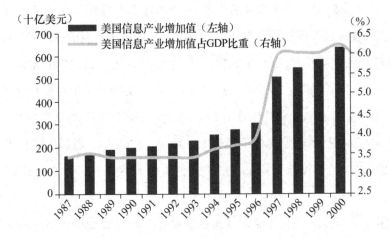

图4-22 美国信息产业发展

资料来源：Wind。

科技浪潮下的美股映射

从股市融资金额的产业分布来看，1980~1999年美国产业结构向先进制造和高端消费转移，信息技术、金融、可选消费与工业企业 IPO 数量居前，分别为 278 家、187 家、181 家、138 家，IPO 总发售规模达 9795.4 亿美元，科技企业发售规模达 873.3 亿美元，占比 8.9%。

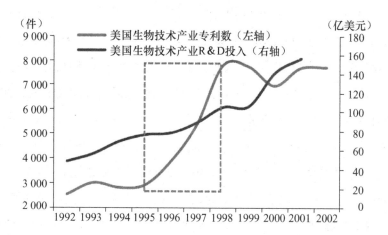

图 4-23　美国生物技术产业 R&D 投入与创新成果

资料来源：Wind。

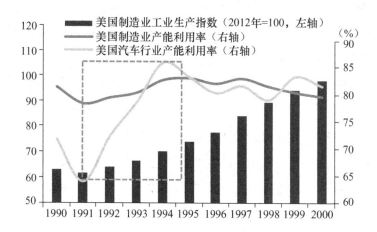

图 4-24　美国制造业工业生产指数和产能利用率

资料来源：Wind。

科技企业上市融资加速行业发展，叠加行业需求扩张带动业绩上行，掀起科技股长牛，尤其20世纪90年代下半程出现从美股到全球的互联网泡沫。1980~2000年美股纳斯达克指数区间最大涨幅为3179%，同期标普500为1396%，道琼斯指数为1415%（如图4-25所示）。科技浪潮下美股映射遵循硬件设备—网络端口—软件应用的传导规律：前半程1980~1990年以IBM为代表的个别科技股起步，纳斯达克指数未呈现明显优势，区间最大涨幅为291%，同期标普500为266%，道琼斯指数为268%。纳斯达克领跑科技股牛市始于20世纪90年代，1990~2000年区间最大涨幅为1150%，同期标普500为397%，道琼斯指数为386%。此阶段思科、雅虎等IT公司登陆纳斯达克，特别是1998~2000年泡沫化期间，互联网成为电子硬件设备、软件之后的"新时尚"，纳斯达克指数区间最大涨幅为187%，标普500为58%，道琼斯指数为53%。从行业层面看，1992~2000年美股行业指数涨幅前三均在科技板块：软件行业区间最大涨幅为1403%、半导体设备及产品行业为1172%、通信设备行业为940%，标普500为242%。科技类公司业绩持续向好，1992~2000年软件行业净利润区间复合增速为41.9%，半导体行业为33%，通信设备行业为51.4%，同期标普500为16.7%。

如前文所述，这一时期美股表现体现着硬件设备—网络端口—软件应用的传导规律：第一阶段，1980~1990年计算机等硬件的普及带动硬件类公司领涨。1981年IBM推出个人计算机，个人计算机生产由一体化转向分工，推动生产规模化，叠加Intel在半导体上的突破，硬件行业快速发展。以IBM为代表的硬件企业是这波浪潮的领跑者，1980~1990年IBM股价区间最大涨幅为1932%，同期纳斯达克为291%，IBM净利润复合增速为5.4%，年均增速为8.6%。

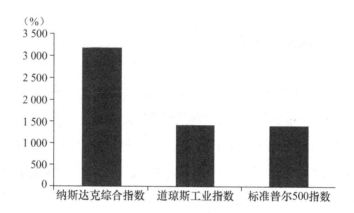

图 4-25　1980~2000 年美股股指最大涨幅

资料来源：Wind。

第二阶段，1990~1995 年互联网发展带动网络公司业绩与股价向好。1984 年思科及其多协议路由器的出现，使局域网变成互联网，同时 Intel 推出 80486 处理器和奔腾处理器，使运行速度达到工作站处理器水平，叠加计算机普及，推动 1990~1995 年互联网普及。1990~1995 年半导体行业最大涨幅为 687%，通信为 246%，同期标普 500 为 110%。龙头思科最大涨幅为 6871%，Intel 为 959%，业绩上思科 1990~1995 年净利润复合增速为 101.1%，Intel 为 40.6%，同期标普 500 为 10.4%。

第三阶段，1996~2000 年软件应用产业崛起，互联网公司领涨，以微软和甲骨文为代表。微软利用 Windows 操作系统垄断软件市场，并推出 Excel 等软件，逐渐确立龙头地位。以甲骨文为代表的纯软件公司象征着计算机产业链进一步分工。1996~2000 年，微软和甲骨文股价区间最大涨幅为 1089% 和 810%，同期软件行业为 636%，标普 500 为 145%；微软和甲骨文净利润复合增速为 52.3% 和 28.8%，同期软件行业为 70.8%，标普 500 为 10.7%。

A 股科技的回顾和展望

上一节回顾了美国 1980~2000 年的科技周期，本节将视角转到中国，回顾 21 世纪以来中国产业结构升级及对应股市表现，并展望中国科技产业未来发展方向。当前中国已经进入高质量发展阶段，科技自立自强是国家发展的战略支撑。近年来，在内外部复杂背景下，亟须加强科技创新、突破关键核心技术。科技行业发展具有内在的演进逻辑，可以以史为鉴、展望未来。

十九大报告指出："我国经济已由高速增长阶段转向高质量发展阶段，正处在转变发展方式、优化经济结构、转换增长动力的攻关期。"2020 年 11 月初发布的《十四五规划建议》指出要坚持创新在现代化建设中的核心地位，把科技自立自强作为国家战略支撑。在当前复杂的内外背景下，科技自立自强是首要目标，突破核心技术、实现科技弯道超车是产业发展的首要任务。

回顾中国科技股周期历史

中国科技行业发展比较迅速的阶段是 2010~2015 年，当时科技产业从硬件设备逐渐转向软件内容并扩散至场景应用。中国科技股周期的股市映射也遵循硬件设备—软件内容—场景应用的传导规律。

2010 年后的科技周期恰逢 3G 成熟并过渡到 4G 的历史阶段，互联网正式从图片时代进入视频时代。这一时期，许多强有力的宏观政策和顶层设计先后出台。《宽带网络基础设施"十二五"规划》将 4G 作为我国电信业增长的重要引擎，2014 年、2015 年政府工作报告强调加快发展 4G 技术，加快在各行业推进"互联网+"战略。

本轮科技周期具体分为三个阶段：第一阶段，2010~2012年苹果产业链引领硬件设备异军突起。2009年 iPhone 3GS 进入中国市场，苹果迅速占领国内智能手机市场高地，智能移动设备市场需求爆发式增长。行情沿苹果产业链传导，以各类硬件设备为主题的投资机会开始出现。在A股市场整体偏弱震荡的背景下，2010年前后苹果指数表现显著优于上证综指（如图4-26 所示），同时电子元器件行业的相关科技股迅速崛起。2010~2012年中信电子行业涨幅为8%，同期上证综指涨幅为-31%。中国电声行业龙头企业歌尔股份的股价2010年、2011年、2012年涨幅分别为198%、-12%、58%，而上证综指为-14%、-22%、3%，涨幅跑赢市场的背后是其利润亮眼。这三年全部A股归母净利润累计同比分别为39.2%、13.4%、0.8%，而歌尔股份为176.8%、91%、71.8%。

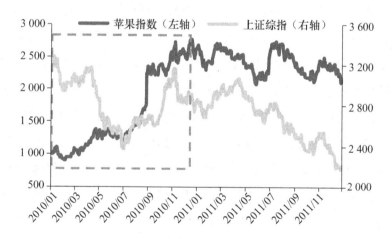

图4-26　2010~2011年苹果指数和上证综指表现

资料来源：Wind。

第二阶段，2013年3G成熟和4G正式商用，以传媒为代表的软件内容行业快速发展。2013年随着3G技术的成熟和智能移动设备的普及，便捷、低成本接入移动互联网成为可能，行情逐渐向软件内容传导，以传媒为代表的各类内容产业进入蓬勃发展时期，传统传媒企业积极向新媒体转型，对应指数涨幅明显。其中，传媒板块表现最为突出，2013年传媒全年涨幅高达102%，计算机76%、通信45%、电子元器件42%的涨幅紧随其后，全年归母净利润累计同比为传媒24.5%、通信206%、计算机15%、电子元器件56.4%。内容产业中的新兴行业如网络游戏异军突起，2013网络游戏指数涨幅达到173%，移动终端游戏软件企业掌趣科技股价涨幅高达397%，上证综指涨幅为-7%；2013年掌趣科技归母净利润累计同比为87%，全部A股为14.4%。

第三阶段，2014~2015年，传统行业与互联网深度融合，股市映射进入应用场景阶段。软硬件设备和互联网技术日新月异，互联网的场景应用开始萌芽，传统行业纷纷出现"拥抱"互联网的浪潮。2015年3月"互联网+"被写入政府工作报告，强调推动移动互联网、云计算、大数据等技术与现代制造业结合，促进电子商务、互联网金融以及工业互联网快速发展。在"互联网+"快速全面发展的推动下，2014年1月~2015年5月计算机行业涨幅高达396%，显著高于其他行业。同时，各种传统企业纷纷借助互联网实现转型升级，其中比较有代表性的"互联网+金融""互联网+医疗"行情备受瞩目。2014年1月~2015年5月互联网金融概念指数涨幅达555%，同期上证综指为118%，代表性公司互联网财经媒体东方财富股价涨幅达232%，互联网医疗领跑公司卫宁健康股价涨幅达93%，2014全年东方财富和卫宁健康归母净利润累计同比分别达3213%、52.51%，全部A股为6.6%。

纵观2012~2015年这轮科技周期的三个阶段，遵循硬件设备—软件内容—场景应用的传导规律，电子元器件领涨，随后扩散至传媒、计算机的场景应用（如图4-27所示）。

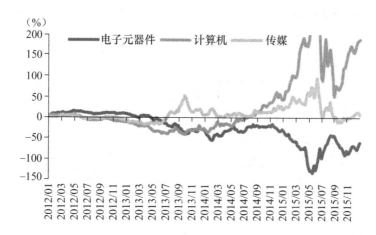

图 4-27　2012～2015 年 A 股 TMT 行业相对创业板指区间涨跌幅

资料来源：Wind。

新一轮科技浪潮正在演化

近年来国内外背景共同决定科技创新是中国未来发展的关键，科技企业必将迎来大发展，新一轮科技创新已经开始。

第一，发展科创是国家重大战略。"十四五"时期强调科技创新是当前国内外背景下的迫切需要，近年来部分发达国家企图通过贸易争端和国际封锁扼杀中国科技产业，进一步暴露我国在集成电路、高端装备制造等前沿领域缺乏核心技术，这不仅制约经济发展，更给国家安全带来隐患。支持科技创新、实现自立自强才是破解之道。

第二，经济驱动力转向科技创新。当前我国进入新发展阶段，经济增长动力从要素投入转为创新驱动：中国于 2010 年前后进入人口负债期，人口红利消退（如图 4-28 所示），人才红利崛起。2019 年 65 岁及以上人口占比近 12.6%，劳动年龄人口占总人口比例自 2010 年起呈连续下降趋势，人口红利拐点已现，劳动密集型生产模式不可持续。但我国人口素质提高迅速，国内每年本科、硕士毕业生人数从 1999 年的 44.1 万人、5.5 万人增加到 2019 年的 394.7 万人、64 万人。

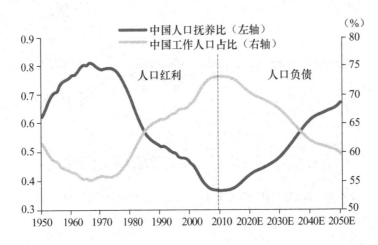

图 4-28 中国人口抚养比与工作人口占比

资料来源：UN Population Division。

第三，科技产业成长土壤肥沃。当前我国在部分领域特别是通信技术上取得了后发优势，5G 技术已实现对美国的全面领先。根据 IPlytics 的统计，截至 2020 年 1 月，近 1/3 的 5G 专利申报来自中国公司，总数量达到 6234 件，远高于美国的 2591 件。从企业专利数量看，华为、中兴分别掌握 5G 技术核心专利 3147 件、2561 件，位列全球第一和第三。更重要的是，中国有 14 亿人口的庞大市场为科技产业提供需求支撑，西方发达国家对我国科技企业的封锁将倒逼高新技术国产替代，未来科技企业发展前景可期。

第四，疫情下政策支持科创不停步。近年来，产业政策密集出台，支持 5G、高端制造、新能源汽车等产业发展。2020 年 3 月 11 部委联合发布《智能汽车创新发展战略》，提出发展智能汽车，加速汽车产业转型，加快智能交通和智慧城市建设；2020 年 8 月国务院印发《新时期促进集成电路产业和软件产业高质量发展的若干政策》，提出聚焦基础软件、工业软件、应用软件的关键技术；2020年11月国务院办公厅印发《新能源汽车产业发展规划（2021—2035）》，要求提高整车集成、关键零部件的自主创新能力，到2025年新能源汽车销售渗透率达到20%。

在新一轮科技周期中，新技术不断涌现，5G技术、人工智能和新能源汽车等新技术正快速发展，应用场景逐渐丰富。5G的颠覆意义在于连接人与物，速度上较4G高20倍，时延从4G的20毫秒缩短到1毫秒，为在云计算、无人驾驶、远程医疗上的应用打下基础。在5G发展过程中，人力不能胜任5G的海量数据，人工智能应运而生。算力、算法和数据是人工智能的三要素，分别对应基础层、技术层和应用层。基础层以AI芯片为核心，华为在2019年Compass Intelligence全球AI芯片公司排名中首次进入榜单前十，位列第七；在技术层，计算机视觉和机器学习发展较为成熟，其中智能语音最早落地；在应用层，安防和金融的人工智能使用率最高，零售、交通、教育、医疗、制造有较好前景。

新能源汽车方面，随着动力电池能量密度提高，曾困扰电动车普及的续航问题已得到解决，特斯拉长续航版本已达660公里，国产比亚迪汉超过600公里，蔚来也推出电池包升级并积极尝试换电。此外，自动驾驶也在快速发展，2020年10月20日，特斯拉发布全自动驾驶（FSD）软件升级测试版，国内造车新势力蔚来、小鹏和理想均实现L2、L3级别自动驾驶辅助。

本轮科技时钟正走向软件和应用场景

第一阶段，硬件设备已有表现。近年来我国产业政策重心转向高端制造业，支持产业升级，扩大5G、半导体投资。2018年之后的中美贸易摩擦刺激国产替代，同时疫情背景下的新基建成为稳增长重要抓手，多重推动力叠加作用下,本轮科技周期已经崛起。从市场表现看,2019 年之后科技股更优。市场风格上,2019 年起风格开始偏向成长,截至 2020 年底仍在这一过程中。具体到行业层面,2019 年初至 2020 年 7 月 14 日申万一级行业中的电子、计算机涨幅分别达 158%、113%,排名第一和第四;代表硬件设备的半导体指数涨幅为 239%,基站指数为 154%,5G 指数为 78%,而同期上证综指、沪深 300 涨幅仅为 38%、61%。2020 年新能源汽车产业链也迎来爆发,新能源动力电池指数涨幅为 123.9%。

第二阶段,内容软件正在发酵。内容软件层面主要包括三大领域:第一,新能源汽车产业链(如图 4-29 所示)。在 5G 技术的加持下,新能源汽车将具备智能感知、自动驾驶、智能网联等功能,逐渐蜕变成智能汽车,从单纯的交通运输工具逐渐转变为智能移动空间和应用终端。新能源汽车产业的发展将带动电池、充电桩稳健增长。另外,随着自动驾驶功能的普及和升级,与自动驾驶匹配的雷达、传感器、摄像头以及软件算法等软硬件需求将大增。第二,在计算机领域中,云计算、人工智能等新技术正加速与场景、产业融合,并逐渐进入工业生产,实现科技改造生产,推动传统工业制造业的数字化、信息化、智能化转型,显著提升企业生产效率。第三,传媒。5G 正与多媒体设备等加速融合,从而满足娱乐、通信等垂直行业的多样化业务需求,有望实现内容端和应用场景上的革新换代,传媒或将首先迎来机会,例如传媒领域中的云游戏、超清视频、电商体验、竞技体育等行业消费将持续增长。

第三阶段,应用改造传统行业将逐渐发生。随着 5G 技术成熟应用,我国进入 5G 引领的新一轮技术周期中,5G 革命性的意义在于建立起人与物、物与物、人与人间高速率、低延迟的联系,在高质量的网络得到保障后,各种颠覆性的应用将改变传统的生产、生活方式,从而构建起全新的 5G 生态系统。

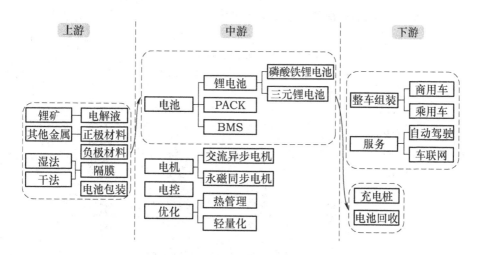

图 4-29　新能源汽车产业链示意图

资料来源：海通证券研究所。

生活方式革新上，5G 的应用将增强信息的有效供给，将网络融入生活的方方面面，具体来看：5G + 智慧家居将通过无线实时传输高清监控视频以保障家庭安全，通过自动管理智能用电设备实现节能环保；5G + 智慧医疗能让医生为千里之外的病人进行手术，通过大数据分析海量病例为医生提供诊治建议；5G + 智能网联汽车将在自动驾驶的基础上，打造智能交通城市，减少交通事故发生率；5G + 智慧商业将通过 AR 互动、VR 导购、5G 直播让消费者足不出户也能拥有新鲜便捷的消费体验。

生产方式革新上，5G 的应用将催生智能精细的生产要素配置方式，驱动产业全新变革，具体来看：5G + 智慧农业将通过边缘计算特性进行实时信息交互，实现农业生产要素的精准测量及精细管理，提升农业生产效率及农作物产量；5G + 工业互联网将实现全流程信息感知和事件决策，使工业产业摆脱以往"粗放、低效、高能耗"的生产模式，向着"高品质、高能效、智慧化"的方向发展，未来智能工厂、无人工厂有望成为现实，实现人类生产力的再次解放（如图 4-30 所示）。

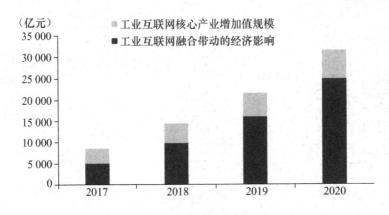

图 4-30　中国工业互联网经济影响规模

资料来源：中国信通院。

中国智造：智勇兼备，造就未来

　　从人口周期、技术水平、产业政策三个角度分析，制造业升级是大势所趋。从人口周期看，中国老龄化程度加深，人口红利逐渐消失，但工程师红利为制造业转型升级提供了人力资本基础。从技术水平看，这一轮的科技革命以 5G 技术、新能源技术为主，中国在这两个领域并不逊于发达国家。从产业政策看，"十四五"规划提出构建现代产业体系，抓手就是制造业的升级。工信部出台了中国智能制造"十四五"规划，在此背景下，我国制造业正逐渐由大变强，加速向智能化、数字化转型升级。本节将分析我国推动制造业智能化转型的多重优势，展望智能制造的三个方向。

我国制造业正由大变强

　　制造业从根本上决定着一个国家的综合实力和国际竞争力，同时也是一国科技实力和工业能力的集中体现,在发达国家国民经济中占有重要份额,也是发展中国家经济增长的主要引擎。从总量上看,中国制造业已经具备规模优势。2020年中国的名义GDP是美国的0.71倍,而制造业增加值是美国的1.70倍。国家统计局的最新数据显示,2020年我国工业增加值达到31.3万亿元,其中制造业增加值达26.6万亿元,同比增速达3.4%,预计我国制造业增加值将连续第11年居世界第一位。横向对比来看,2019年中国制造业增加值为38 963.5亿美元,全球占比达28.1%(如图4-31所示);制造业出口方面,2019年中国制造业出口规模为23 252.8亿美元,全球占比达18.3%,高于美国、日本、德国等发达国家(如图4-32所示)。

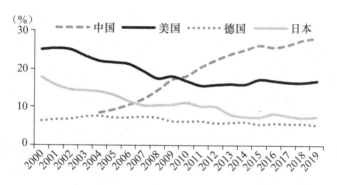

图4-31 主要国家制造业增加值占全球比重

资料来源:Wind。

从质量上看,我国制造业正逐步向全球价值链的中高端攀升。改革开放以后,中国制造业重心实现了从纺织品、简单电子产品向机电产品、重工业装备的转变;高技术制造业增加值由2004年的6665亿元增加至2020年的47 274亿元,在规模以上工业增加值中的占比由10.1%提高到了15.1%,高新技术产品出口金额占比由2000年的15.0%上升至2020年的30.0%。

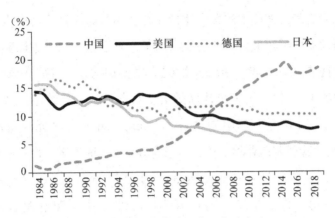

图 4-32 主要国家制造业出口全球占比

资料来源：Wind。

但目前来看，我国高端制造较发达国家仍有差距。例如我国高端芯片严重依赖进口，2017～2019 年中国高端芯片进口金额达 2007 亿美元、2492 亿美元、2371 亿美元，占全年总进口量比重均大于 77%。生物医药领域中国与欧美差距也较大，2019 年全球生物制药产业发明专利前 100 强中，中国仅有 7 家企业。可喜的是，我国在经济、社会、法制等方面构建的"有为政府"体制形成了独特的体制引力，且制造业基础扎实雄厚，在产业门类、劳动生产率、经济结构和配套基础设施等方面比较优势显著，是全球唯一拥有全部工业门类的国家。体制引力和强大的产业链配套能力是推动我国制造业由大变强的核心要素。此外，在"双循环"新格局下，我国幅员辽阔、人口众多，许多行业拥有广阔的市场空间和发展前景，半导体、汽车均是全球第一大市场，在技术进步和工程师红利逐步显现的背景下，我国制造业正走向世界前列。

多重优势构筑中国智造潜力

当前我国制造业已经具备规模优势，从中长期看，产业政策支持、工程师红利显现、技术进步正推动中国智造走向世界前列。

产业政策方面，发展科创、加速制造业智能化转型升级已是国家政策大趋势。2020年2月11部委联合发布《智能汽车创新发展战略》，8月国务院印发《新时期促进集成电路产业和软件产业高质量发展的若干政策》，11月国务院办公厅印发《新能源汽车产业发展规划（2021—2035年)》。进入2021年，更多重大的战略规划陆续推出，3月出炉的《第十四个五年规划和2035年远景目标纲要》明确指出，要坚持创新在我国现代化建设全局中的核心地位，把科技自立自强作为国家发展的战略支撑，健全新型举国体制，突破关键核心技术；4月下旬，工信部会同有关部门起草《"十四五"智能制造发展规划》（征求意见稿），提出加快推动智能制造发展，为智能制造界定领域、圈定目标、确定任务。政策支持下，我国智能制造产业发展将进入快车道。

在人口结构层面，逐步爆发的工程师红利为我国制造业转型升级奠定了基础。近年来我国人口红利消退，2019年65岁及以上人口占比近12.6%，劳动年龄人口占总人口比例自2010年起呈连续下降趋势，劳动密集型生产模式不可持续。但我国高素质劳动力群体正在壮大，工程师红利将取代人口红利，为中国智造提供人力资本基础：2019年普通高校毕业生人数为759万，其中453万是STEM专业（科学、技术、工程和数学教育相关专业）（如图4-33所示），占比达60%；我国科学家与工程师人数也从2003年的62万升至2018年的110万。

技术进步正在赋能中国智造。在5G引领的新一轮科技周期中，我国正走在世界前列，以华为、中兴为代表的中国企业在5G技术上占据全球领先地位。此外，在人工智能领域中，我国企业也开始崭露头角。智能语音技术是最早落地的人工智能技术，2018年科大讯飞超越IBM，全球市场份额排名第五；在国内计算机视觉市场中，商汤科技独占鳌头。技术进步在制造业逐步落地将带动行业需求的回暖和新订单的增长，提升高端制造的国产化率和附加值,从而推动智能制造企业基本面回升(如图 4-34 所示)。根据国家统计局发布的数据,2019 年中国高技术制造业增加值增长 8.8%(如图 4-35 所示),占规模以上工业增加值的比重为 14.4%;高新技术企业总产值增长 12.3%,占 GDP 比重为 32.9%。

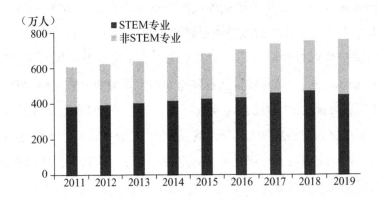

图 4-33　中国普通高校 STEM 专业和非 STEM 专业毕业生数量

资料来源:Wind。

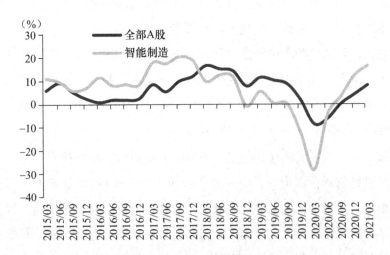

图 4-34　全部 A 股与智能制造归母净利润增速(两年年化)

资料来源:Wind。

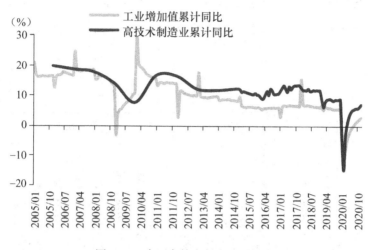

图 4-35　中国高技术制造业增加值

资料来源：Wind。

中短期来看，疫情也加快了我国制造业走向世界舞台中心。由于对疫情防控得力，2020年3月后国内复工复产陆续推进，工业生产总值累计增速从2020年2月的低点−25.9%持续回升至12月的7.3%。而海外疫情持续蔓延，工业生产持续停滞。国内外疫情和复工复产的时间差为我国的出口创造了重要的时间窗口，当疫情破坏全球大部分国家的生产供给能力时，我国完整的产业链承担起了全球供应中心的角色。特别是在医疗器械、消费电子、新能源设备、高端装备制造领域中，我国完善的产业链在海外供给中断的背景下抢占了很大一部分发达国家或地区的出口份额，例如医疗器械2020年出口金额同比增速为40.4%，平板电脑为22.6%，风力发电机组为16.9%，集成电路为14.8%（如图4-36所示）。

本章的开篇曾提到机构持仓热度分析也是行业比较中的重要一环，站在当前时点，智能制造的机构持仓热度并不高。将电子、计算机、通信、家电、军工、汽车、高端机械等行业加总作为智能制造领域，则基金重仓股中智能制造市值占比从 2020 年 Q2 的 32.3% 降至 2021 年 Q1 的 26.6%，相对自由流通市值占比低配 0.1 个百分点，智能制造配置性价比较高（如图 4-37 所示）。

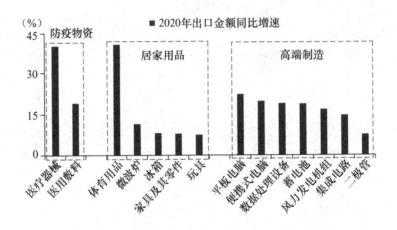

图 4-36　疫情下中国制造品出口

资料来源：Wind。

图 4-37　智能制造机构持仓热度

资料来源：Wind。

中国智造的三个方向

从前文中长期的人口周期、产业政策、技术水平三个角度分析可见,智能制造崛起的重要因素已经具备。展望未来,智能制造有三个方向逐渐清晰。

第一,5G技术的应用。当前正处在5G技术引领的新一轮科技周期中,5G的颠覆性意义在于拉近人与物之间的联系,高速低时延是5G的核心特点:速度上5G较4G高20倍,时延上5G缩短到1毫秒,这为5G在云计算、无人驾驶、远程医疗、人工智能、工业互联网领域的应用打下基础。网络建设是5G普及应用的第一步,工信部数据显示,截至2020年12月,我国累计开通5G基站71.8万座,终端连接数超过2亿,97%以上的5G基站实现共享。基础设施建设如火如荼,同时叠加疫情对5G需求的催化,5G面向个人(To C)的创新业务正在进入高速发展期,5G面向行业(To B)的应用场景也已覆盖工业、交通、医疗、能源等众多行业,并逐步由生产外围环节向设备控制等核心业务领域拓展。

第二,新能源技术的应用。目前我国凭借在新能源技术方面的较早布局,已经在光伏、新能源汽车等领域有了突出进展。光伏领域中,光伏技术的更新换代使单位发电成本不断降低,同时储能技术的成熟将克服光伏发电不稳定的缺陷,光伏装机量不断上升,有望成为未来最受青睐的清洁能源,改变我国长期以来以煤炭为主的能源结构。新能源汽车领域中,动力电池高效组成CTP、高集成刀片动力电池等技术的发展提升了电池的能量密度,使得新能源汽车续航里程大幅上升,安全性能也不断提高。5G基站的广泛建设与网络覆盖,将加快5G在极速互联、海量数据传输方面的应用,提升车与车之间、车与路况之间的联通,推动新能源汽车向智能汽车转变,汽车从单纯的交通运输工具逐渐转变为智能空间和场景生态服务体验终端，成为新兴业态的重要载体。新能源汽车融合新能源、新材料和5G、人工智能等多种变革性技术，将带动能源、交通、信息通信基础设施改造升级，促进能源消费结构优化，提升交通体系和城市运行智能化水平。

第三，传统制造业改造升级。随着科技进步，新兴技术将融入传统生产制造过程，一方面实现新产品的层出不穷和旧产品的升级换代，另一方面新技术的应用将改造生产流程、工艺、方式方法等多个方面，实现数字化、智能化、信息化，提高产品质量、生产效率以及产品附加值。例如，5G切片网络通过提供极低时延、高可靠、海量连接的网络，解决了在规模生产中存在的海量控制器、传感器、执行器之间的时延及带宽差异问题，使闭环控制应用通过无线网络连接，通过工业无线组网实现自动化控制，极大提高制造业的生产效率。

消费的品牌化和服务化

消费升级的品牌化、服务化是另一个值得重视的大趋势。从人口周期看，中国平均年龄步入中年，人均GDP刚超过1万美元，借鉴国际经验，我国正处在消费加速升级的阶段。从技术水平看，随着过去几十年生产工艺的改进，中国消费品的质量不断提升，品牌价值逐渐体现。从产业政策看，"双循环"新发展格局以国内循环为主体，首要任务是扩大内需，扩大内需又以扩大消费需求为重点。本节将借鉴发达国家消费升级过程，分析我国消费升级的原因和特征，并展望未来发展趋势。

我国消费升级的原因

在分析我国消费升级的原因之前，简要回顾历史上三次消费类行业上涨的行情；2005年6月~2007年10月消费板块大涨源于经济繁荣，消费需求旺盛；2009年8月~2011年4月消费行情源于高通胀背景下，白酒、纺织服装、中药保健品等行业景气度高；2013年1月~2015年6月的消费升级主要体现为居民服务类消费需求爆发，传媒游戏、体育、医疗服务、教育等行业高速增长。而2016~2020年的这次消费升级的背景与前几次不同，整体消费需求并没有强劲增长，剔除疫情影响的数据后，社会消费品零售总额同比增速从2016年初至2020年底一直维持在10%左右。但我们仍然能观察到各种消费细分行业高景气现象，例如白酒、家电、家装以及高端中药保健品等相关企业盈利稳健增长，自主品牌的电子产品、汽车等加速崛起，其中三四线城市消费升级成为这一轮消费升级的一个重要现象。

根据我国实际情况，并借鉴美国、日本等发达国家消费升级过程，我国消费升级的四大原因如下。

一是人均GDP迈过拐点。根据钱纳里的工业化阶段理论，人均GDP在6000~12 000美元时，进入工业化后期，工业占比回落，服务业发展，居民消费扩张，消费成为需求的主力。2020年中国人均GDP超过1万美元，进入消费服务业快速增长的工业化后期，相当于美国、日本的1975~1980年，韩国的1985~1995年。按国际经验，20世纪70年代的美国、日本，1985~1995年的韩国都曾迎来消费需求的爆发和服务业占比的提高。近年来消费在我国经济中的重要性也不断提升，最终消费支出对GDP贡献率从2010年的37%提升至2019年的57.8%。一二线城市人均GDP已超1.2万美元，逐渐进入第三产业主导的发展阶段；三四线城市人均GDP也超6000美元拐点，已经进入消费服务业快速发展的产业结构转换阶段（如图4-38所示）。

二是基建的消费效应出现。根据发达国家经验，当人均GDP超过

10 000美元时，国际大都市的产业布局会呈现两个趋势：一个是制造业郊区化，企业将生产向市区外围转移，而把研发设计留在市中心，形成周边新产业基地；另一个是城市空间结构从"单中心"转向"多中心"，大都市周边形成独立、功能齐全的"新城"。截至2019年，我国的一二线城市人均GDP远超1万美元，具备带动周边城市共同发展的能力，已形成10个国家级城市群。城市群的发展战略有利于三四线中小城市承接大城市流出的产业，实现富余劳动力就业和经济积累，从而获得新一轮发展。同时，基础设施建设中高铁等交通物流体系的不断完善正改变我国居民的出行和生活方式，"高铁3小时生活圈"的新概念正在出现，有利于我国消费服务业发展。

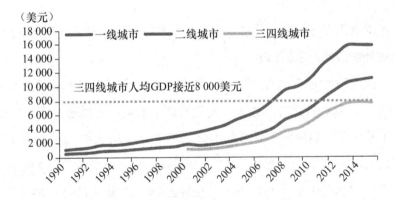

图4-38 我国各类城市的人均GDP

资料来源：Wind。

三是渠道下沉和产业转移。由于我国一二线城市在土地、交通、居民生活等方面资源越来越紧张，企业运营成本不断提高。因此，近年来产业向三四线城市转移的趋势已经开始出现。华为已经将手机终端基地、企业数据中心（EDC）业务搬迁至东莞。阿里巴巴在张家口张北县投资180亿元设立阿里云数据中心，计划将北方区域约80%的云计算、大数据业务放到张北县。与此同时，城市群快速发展、人口回流、产业向三四线城市转移等各方面的变化，也给三四线城市的商业发展带来新的机遇和空间。三四线城市的巨大消费潜力，吸引了如京东、万达、星巴克等各类商贸零售和休闲服务企业的渠道下沉。根据万达的经营报告，三四线城市的万达广场在客流、销售增速等方面的经营效益与一二线持平甚至更好。星巴克从2011年开始开拓三四线市场，截至2019年已经进入了珠海、佛山、福州、东莞、中山等23个三四线城市。

四是人流和边际消费倾向变化。未来随着产业下沉、三四线城市基础设施日益完善，三四线城镇化率有望进一步提升。同时，从年龄结构来看，"80后""90后"人群的年龄在21~41岁之间，这部分人群已经进入消费高峰期。相对于上一代，年轻一代消费群体的消费需求更强，消费倾向更高。此外，近几年我国还涌现了类似蚂蚁花呗、京东白条等新型互联网消费金融服务，互联网消费金融公司的出现也将推动我国消费信贷市场的不断增长，从而进一步推动我国消费服务产业发展。

新时代消费特征：品牌化、服务化

回顾美国的消费升级过程，消费品牌化和服务化特点明显。美国的消费高峰出现在20世纪70~80年代（如图4-39所示），需求爆发促进本土品牌发展，服务消费占比迅速上升：70年代初，美国私人消费支出占GDP比重拐头向上，从1970年的60%上升至2019年的68.7%，服务消费占个人消费比重从49%上升至2019年的64%。20世纪70~80年代，美国个人消费支出同比增速平均为9%，诞生了可口可乐、百事、迪士尼、宝洁、强生等全球消费服务类企业。1970~2000年，可口可乐、百事可乐市值最大涨幅分别达20倍、30倍。

而我国在人均GDP迈过拐点、基建的消费效应出现、渠道下沉和产业转移、人流和边际消费倾向变化这四大原因的推动下，消费升级快速演进。借鉴美国消费升级历史，我国消费升级也呈现出品牌化、服务化的新特征。

图 4-39　美国个人消费支出同比及占 GDP 比重情况

资料来源：Wind。

品牌是指给拥有者带来溢价、产生增值的一种无形资产，品牌的护城河就是消费者的忠诚度，越是领先和知名的品牌，投入相同的营销力度，收获的市场份额提升就越多，即消费者的忠诚度具有马太效应。虽然消费细分行业种类繁多，然而在不同时期只有部分行业能诞生知名品牌，这是因为那些没有诞生品牌的行业产品性能单一、附加值较低、差异性不大，归根结底，品牌消费的兴盛源于消费品的性能改善和质量提升。

我国 2020 年的人均 GDP 水平相当于美国的 1975～1980 年，消费升级过程有望延续美国的发展路径，产生具有国际知名品牌的世界级消费龙头。消费品牌化的龙头效应在我国已经初步显露，龙头比非龙头企业盈利能力更强。截至 2020 年底，白酒中市值最大的前三大龙头（整体行业）的 ROE（TTM，整体法）为 28.4%（26.5%）、啤酒为 12.1%（10.5%）、食品为 29.5%（17.7%）、服饰为 11.0%（3.4%）、家电为 20.6%（16.1%）（如图 4-40 所示）。随着消费需求爆发和行业集中度提高，我国自主品牌正在快速崛起，白酒、家电、电商、社交平台等领域涌现出世界级龙头企业，其市值接近甚至超过海外对应上市公司。同时，我国自主品牌的渗透率也在不断提高。以家电市场为例，我国的家电市场已经被国有品牌主导，2019 年格力、美的空调行业市占率合计达 63.4%。

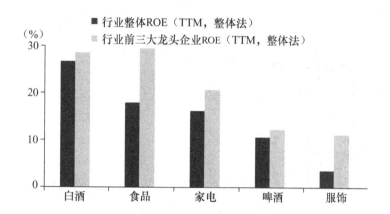

图 4-40　我国消费品各行业龙头及行业整体盈利能力

资料来源：Wind。

随着消费场景的更新迭代和消费种类的多样化，消费行业的服务化水平也将不断提高。同时，由于消费市场的竞争日益激烈，企业需要在商业模式上不断创新，使消费者保持忠诚度，如何提供更优质的服务是消费企业关注的重点。此外，在数字经济时代，消费企业需要更加重视客户至上，提高服务质量和客户满意度，从而打造自身产品的"护城河"。

目前来看，我国服务业仍有较大成长空间，消费的服务化特征有望长期持续。从服务业 GDP 增加值占比和就业人数看，2019 年我国服务业相当于发达国家 20 世纪 80 年代初的水平，服务消费业方兴未艾。2019 年第三产业在 GDP 中占比达 53.9%，仅相当于美国、日本、韩国 20 世纪 80 年代初的水平，分别为 55.4%、51.2%、48.7%，2019 年它们分别为 69.8%、74.3%、59.4%。从就业人数占比看，我国第三产业就业人数占比 2019 年为 47.4%，也相当于美国、日本、韩国 20 世纪 80 年代初的水平，分别为 65.7%、54.0%、37.0%，2019 年它们分别为 80.0%、70.7%、70.2%（如图 4-41 所示）。

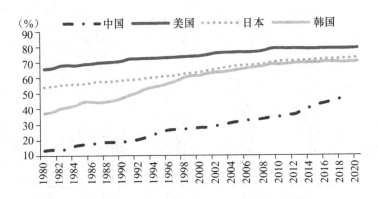

图 4-41　中美日韩第三产业就业人数占比

资料来源：Wind。

展望未来：新兴消费将不断浮现

十九大会议上习近平总书记做出重要判断："经过长期努力，中国特色社会主义进入了新时代""我国社会主要矛盾已经转化为人民日益增长的美好生活需要和不平衡不充分的发展之间的矛盾"。展望未来，满足人民美好生活需要的行业势必成为新时代主导行业，中国的消费升级品牌化、服务化将持续深化，同时在新兴消费理念和新技术的推动下，还将发展出具有新时代特色的新业态。

新兴消费理念将与品牌化、服务化趋势结合。品牌化方面，消费者兴趣点转向健康、绿色、环保，例如在食品消费中，饮食不再纯粹以温饱为目标，膳食均衡、膳食健康被赋予更高的权重，这在肉类、饮料类消费中均有所体现；同时人口年龄结构的变化也正在影响食品消费的品牌化，年轻一代更加关注饮食的健康和绿色，零糖零卡路里的气泡水饮料、采用新鲜原料的奶茶，都很好地抓住了消费者的痛点，从而建立起独特的品牌。在家居办公领域中，随着健康消费理念逐步深入人心，消费者对于健康高效办公、空间优化的消费升级需求将快速增长。通过人体工学设计的办公家具能够避免肢体的重复性劳损和其他肌肉骨骼疾病，从而保障职业健康，提升安全性、工作满意度和生产力，将受到更多消费者青睐，相关品牌也具有更高的成长性。

服务化方面，健康、养生的理念逐步融入医疗服务和养老服务。2020年我国65岁及以上人口达1.91亿，较2000年的0.88亿增长超一倍，占总人口比重达13.5%，我国加速迈入老龄化社会。随着我国人口老龄化的加速，养老、医疗服务产业不仅将健全完善社会保障、养老服务、健康支持等体系，还将朝着繁荣老年消费市场、建设老年宜居环境、丰富老年人精神文化生活、扩大老年人社会参与、保障老年人合法权益的方向发展。地产、保险等资本不断进入健康养老、老年地产、养老养生、养老旅游等跨界融合的行业，发展智慧养老服务新业态，让更多老年人享受到品质优异、高效便捷的养老服务。

另外，5G等新技术在消费生活领域的广泛应用，对消费升级的品牌化、服务化会产生深远的影响。品牌化方面，5G技术的应用将催生一批依托新技术的新品牌。例如，在智能家居领域中，5G网络的加速布局以及AIoT技术的成熟应用，使家电行业加速向智能化转型。一代智能家电以远程遥控为主要特点，二代智能家电以加入语音调控为技术创新，当前的三代智能家电在自决策方面能力明显提升。2020年中国智能家居市场规模已经达到4354.5亿元，同比增速达16.8%（如图4-42所示），在智能冰箱、空调、洗衣机、扫地机器人等领域或将涌现出更多优秀的国产品牌。

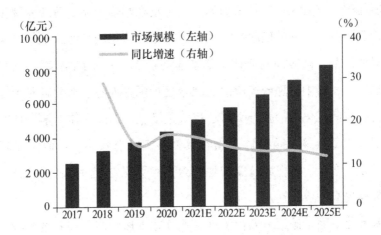

图4-42　中国智能家居市场规模和增速

资料来源：Statista，亿欧智库。

服务化方面，5G技术引领新一轮科技周期，科技消费未来空间将愈发增大，消费服务化特征也将越来越明显。5G技术将显著提升流媒体的传输效率与传输质量，带动硬件设备及产业链升级，成为文娱消费的新入口。一方面5G技术更新迭代将催发硬件设备消费热潮，另一方面在视频、游戏、自动驾驶等5G内容应用上也将逐渐产生新的消费热点。传统消费也将在科技加持下迎来升级，例如消费者对线下智能门店提供的创新体验和创新服务的接受度普遍较高，乐意去尝试体验新技术给购物带来的便利及乐趣，对智能购物车、商品扫码溯源、云货架、无人店等服务都表现出不同程度的期待。未来先进技术或将促进虚拟购物、个性化定制、智能产品、数字化运营、远程监控、智慧服务等多元发展，为消费者带来不限时间、不限地点、不限方式地触达任意商品的购物新体验。

| 第 5 章 |

剖析市场特征

梳理完策略研究三大子领域的分析框架和内容后,本章探讨股票市场的特征。本章首先从现象层面对 A 股的主要特征做了一个概览,包括 A 股的牛熊特征、上市公司和投资者结构特征等。接着本章从各个角度对前述各类现象做了更详细的原因分析,如 A 股为何波动很大、择时策略的有效性、哪类资金更易胜出等。最后本章分析了 A 股在时间维度上的规律,包括一轮牛市如何分为三个阶段以及全年来看 A 股的日历效应。

A 股市场特征概览

相较境外成熟市场,A 股还很年轻,在市场波动、行业结构、投资者结构等方面均和境外成熟市场有所区别,本节以美股为比较对象,对 A 股市场特征一一进行介绍。

A 股牛熊特征:牛短熊长

对市场特征的分析离不开对市场牛熊周期的探讨,回顾历史,牛熊轮回是市场的客观规律。轮回之所以存在是因为人性没变，贪婪与恐惧一直存在。理性经济人假设只存在于理论中，现实生活中人是有限理性的。市场存在大量噪声和交易者，会带动市场情绪和市场估值的变化，导致价格越来越偏离真实价值，形成系统性的估值偏差，所以才会有股市的牛熊转换。

以美股为例，按道琼斯工业指数刻画，1900年以来美股已经历了5轮牛熊周期，2009年3月~2020年12月，美股正处于第六轮牛市之中（如表5-1所示）。此处将道琼斯工业指数下跌时期超过6个月、跌幅超20%的阶段定义为熊市（大量指数调整时间在6个月以内、跌幅在20%以内的调整不详细列举），以此为标准，美股呈现出"熊短牛长"的特征：从持续时间角度来看，1900~2020年，美股牛市平均持续12年，熊市平均持续2年；从时间占比来看，1900~2020年美股牛市占55%，熊市占15%，震荡市占30%（如图5-1所示）。这里的震荡市主要指1900年1月~1921年8月（约21.6年）、1966年2月~1982年8月（约16.5年）两轮震荡市。

表5-1　美股历史上经历的牛熊周期（以道琼斯指数刻画）

市场周期	市场形势	开始日期	结束日期	持续时间（年）	指数区间涨跌幅（%）	指数年化涨跌幅（%）
第一轮	震荡市	1900/01	1921/08	21.6	振幅：183	
	牛市	1921/08	1929/08	8.0	495	25
	熊市	1929/08	1932/06	2.8	-89	-55
第二轮	牛市	1932/06	1937/03	4.8	357	37
	熊市	1937/03	1942/04	5.1	-53	-14
第三轮	牛市	1942/04	1966/02	23.8	980	11
	震荡市	1966/02	1982/08	16.5	振幅：87.2	
	熊市（1）	1966/02	1966/10	0.7	-25	-36
	熊市（2）	1968/12	1970/05	1.4	-37	-27
	熊市（3）	1973/01	1974/12	1.9	-45	-28
	熊市（4）	1976/09	1978/03	1.4	-25	-20
	熊市（5）	1981/05	1982/08	1.3	-23	-19

(续)

市场周期	市场形势	开始日期	结束日期	持续时间（年）	指数区间涨跌幅（%）	指数年化涨跌幅（%）
第四轮	牛市	1982/08	2000/01	17.4	1414	17
	熊市	2000/01	2002/10	2.8	−39	−16
第五轮	牛市	2002/10	2007/10	5.0	97	15
	熊市	2007/10	2009/03	1.4	−53	−43
第六轮	牛市	2009/03	2020/12/31	11.9	340	13

注：1. 1966/02-1982/08 是一轮长期震荡市，其中包含5轮熊市下跌。
　　2. 此处熊市定义为下跌时间在6个月以上、跌幅超20%的区间，大量在6个月以内的市场调整暂不详列。

资料来源：Wind，截至2020/12/31。

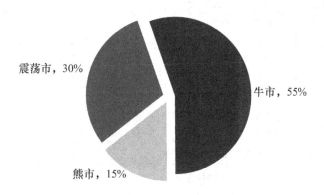

图 5-1　1900~2020年美国牛市、熊市、震荡市时间占比

资料来源：Wind，截至2020/12/31。

A股方面，1990年12月~2020年12月A股已经经历了五轮完整的"牛市—熊市—震荡市"周期不断交替的过程，2019年1月开始市场进入第六轮牛熊周期（如表5-2所示）。从时间上看，A股一轮牛熊周期持续五六年，牛市平均持续2年，熊市平均持续约1年，震荡市平均持续2年，时间比约为2:1:2（如图5-2所示）。相比美股，A股牛熊周期轮回节奏更快，牛市时间占比更小。

表5-2 A股历史上经历的牛熊周期（以上证综指刻画）

市场周期	市场形势	开始日期	结束日期	持续时间（月）	指数区间涨跌幅（%）	指数年化涨跌幅（%）
第一轮	牛市	1991/01	1993/02	26	1459	255
	熊市	1993/02	1994/07	20	−79	−61
	震荡筑底	1994/07	1996/01	15	振幅：223	
第二轮	牛市一段	1996/01	1997/05	16	195	125
	高位震荡	1997/05	1999/05	24	振幅：32	
	牛市二段	1999/05	2001/06	25	114	44
	熊市	2001/06	2002/01	8	−40	−54
	震荡筑底	2002/01	2005/06	40	振幅：79	
第三轮	牛市	2005/06	2007/10	29	514	112
	熊市	2007/10	2008/10	12	−73	−73
第四轮	牛市	2008/10	2009/08	10	109	142
	高位震荡	2009/08	2011/04	21	振幅：50	
	熊市	2011/04	2012/01	9	−30	−38
	震荡筑底	2012/01	2013/06	18	振幅：29	
第五轮	牛市	2013/06	2015/06	24	139	55
	熊市	2015/06	2016/01	8	−49	−64
	震荡筑底	2016/01	2018/12	35	振幅：36	
第六轮	牛市	2019/01	2020/12/31			

资料来源：Wind，截至2020/12/31。

A股公司的分布特征

除了市场的牛熊周期外，A股与美股在公司的分布结构上也有很大差异。

从市值结构的角度看，目前（截至2021年4月30日）A股市值结构的顶部更像一根针（如图5-3所示），总市值在800亿元以上的超大型公司数量占比约为4%，200亿～800亿元的中大型公司数量占比约为13%，40亿～200亿元的中小型公司约占47%，40亿元以下的约占36%，而美股的市值结构呈现出更均匀的"金字塔型",对应市值的公司数量占比分别为13%、17%、24%、46%。

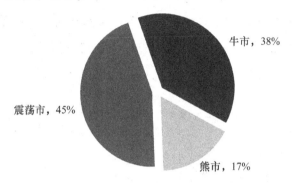

图 5-2　1990～2020 年中国牛熊震荡市时间占比

资料来源:Wind,截止至 2020/12/31。

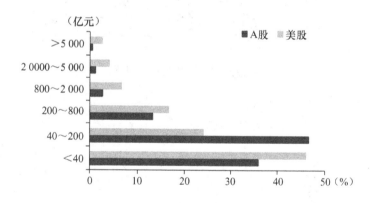

图 5-3　中美上市公司市值结构对比

资料来源:Wind,截至 2021/04/30。

从行业结构看,A 股的金融、能源与原材料、制造行业占比明显高于美股,而美股的科技、消费行业占比明显高于 A 股。以市值占比衡量,2020 年 A 股制造总市值占全部 A 股总市值比重为 16%,能源与材料占 15%,金融地产占 22%、科技占 15%,消费占 31%;而全部美股中制造占 7%,能源与材料占 10%,金融地产占 15%,消费占 35%,科技占 33%

（如图5-4所示）。以利润占比衡量，2020年底A股中金融地产、制造、能源与材料的利润占比为82%，消费和科技则为18%；而美股的结构更加均匀，由于2020年受疫情影响美股中能源板块的利润下滑严重，统计截至2019年底，全部美股中金融地产、制造、能源与材料三个大类行业的利润占比为47%，消费和科技的占比为53%（如图5-5所示）。

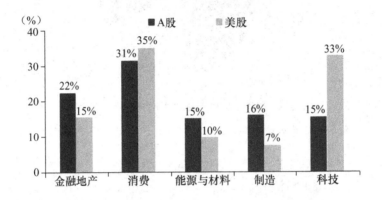

图5-4 2020年中美股市的行业市值结构

资料来源：Wind。

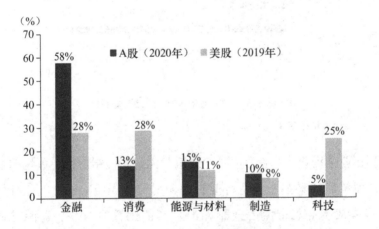

图5-5 中美股市的行业利润结构

资料来源：Wind。

A股的投资者结构

描述股市投资者结构的数据来源有多种，且A股与美股存在统计口径上的差异，因此需要将口径调整至一致才能进行比较。

美股的投资者结构数据有美联储与彭博两个来源，此外上交所在2013年发布的《大力推进机构投资者参与上市公司治理》中也对美股1970～2013年的投资者结构进行过测算。由于彭博对各类机构的分类不常规且数据与上交所差异极大，此处采用更加官方、可信度更高的美联储数据。美联储在金融账户表（financial accounts of the United States）中统计了各类市场参与者的持股市值，数据显示2020年美股散户、自然人及非营利组织等持股市值占比为38.3%，机构投资者（保险、养老金、共同基金、ETF基金、外资）占56.5%，非金融企业及其他占5.2%（如图5-6所示）。美联储统计的市值包括了公开和限售市值两部分，类似A股总市值概念。

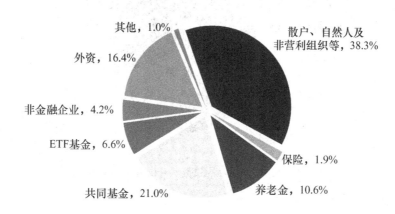

图 5-6　2020年底美股投资者市值占比

资料来源：美联储。

A股的市值则有三种口径：第一是总市值口径，即包括了限售股和流通股。2021年Q1散户持股市值占比为15%，自然人和法人占比为49%，机构占比只有18%，与美联储的数据相比，散户与法人等指标由于口径差异并不直接可比，但是机构投资者占比是可比的，可见A股中机构投资者占比相比美股明显少。第二个口径是流通市值。经过测算，2021年Q1散户持股市值占比为20%，自然人和法人占比为52%，机构占比只有20%（公募8%、保险类资金4%、外资5%、私募3%）。第三个口径是自由流通市值，即在流通市值的基础上剔除了一些看起来流通但实际上持有者并不会真的拿出来交易的股票（如已经解禁的控股股东持股等）。在该口径下，2021年Q1散户持股市值占比为36.3%，自然人和法人占比22.9%，机构占比为34.2%（公募14.0%、外资9.8%、保险类资金5.2%、私募5.2%）（如图5-7所示）。

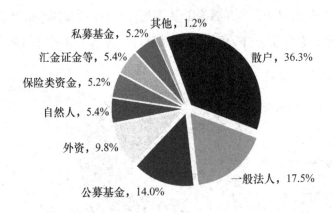

图5-7　2021年Q1 A股投资者自由流通市值占比

资料来源：Wind。

进一步对比中美市场的机构投资者，可以发现A股公募、外资、险资均较少。

公募基金方面，总规模上我国公募基金不到美国的10%。截至2021

年Q1，公募基金持股市值占A股自由流通市值的比重为14%，是A股最大的机构投资者，然而与美国相比，我国的公募基金在规模上还有很大的发展空间。根据美国投资公司协会（ICI）的统计，2020年底美国各类开放式基金总规模为29.3万亿美元，占全球开放式基金市场规模的47%，位列第一，而我国只有2.8万亿美元，全球占比为4.4%，不到美国的10%。

从结构上看，我国股票型基金占比也偏低（如图5-8所示）。美国开放式基金中占比最大的是股票型基金，规模为17万亿美元，占比高达58%，接下来是占比21%的债券型基金、15%的货币基金以及6%的混合型基金。而我国公募基金以货币基金为主，截至2020年底的占比为46%，债券型基金占16%，混合型基金占25%，股票型基金只有12%。从绝对规模上看我国股票型基金规模只有美国的2%，股票型和混合型基金只有美国的6%。

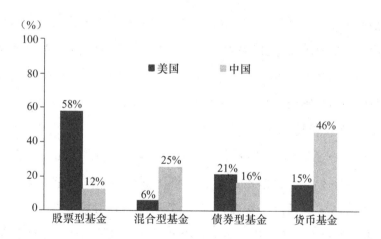

图5-8　中美公募基金类型占比

资料来源：Wind，ICI，截至2020年。

再看外资和险资，第2章对此已经有过具体分析，在这里仅做简单回顾：外资方面，根据央行的口径，2021年Q1境外机构和个人持有A股市值为3.4万亿元，占A股总市值比重为6%，占自由流通市值比重为10%，持股占比依旧低于美股的16%、韩国的34%。险资方面，美国保险类资金截至2020年底规模合计44万亿美元，是GDP的212%，而同期我国的保险类资金规模合计35万亿元人民币，与GDP的比值为34%。

股市像个大钟摆：A股波动分析

前文对A股的市场特征进行了分析，实际上"牛短熊长"本质上是A股高波动的体现。本节因此对股市的波动性和背后的诱因进行进一步分析，并对A股未来波动性的趋势做出展望。

股市长期收益率高，但是波动大

如第2章所述，全球市场中股票的长期收益率相较其他大类资产有明显优势。以美国市场为例，根据《股市长线法宝》对美国大类资产收益率的统计数据，1802~2012年美国股票、长期国债、短期国债、黄金、美元、房价的名义年化收益率分别为8.1%、5.1%、4.2%、2.1%、1.4%、0.1%，美股长期收益率远超其他资产。

同样，中国股票的长期表现也不错。第2章分析过，2000~2020年我国整体房市、债市、大宗商品的名义年化收益率分别为8%、4%、3%；股市方面，以上证综指（考虑分红）、万得全A（考虑分红）、全部A股（等量和等额投资）来衡量，2000~2020年我国股票的名义年化收益率在四种口径下分别为6%、10%、16%、17%，A股等量和等额投资策略年化收益率明显超过房价涨幅。

虽然股票的长期收益率很高，但波动很大。如果对比各个国家和地区股市历年涨幅和股指长期年化涨幅，就会发现二者之间很少重合。如上证综指 1991~2020 年长期年化涨幅为 12.2%，而实际上在近 30 年中上证综指年化涨幅与之接近的仅有 1 年，即使放宽幅度，涨幅在 8%~16% 之间的年份也只有 2 年，占比约 7%。恒生指数 1964~2020 年长期年化涨幅为 10.4%，在港股 56 年历史中恒生指数年化涨幅在 6%~14% 之间的年份仅有 3 年，占比 5.4%。标普 500 指数 1929~2020 年长期年化涨幅为 5.5%，在 1929~1991 年中标普 500 指数涨幅在 1.5%~9.5% 之间的仅有 8 年，占比 8.7%。

正如霍华德·马克斯在《周期》中写的："一个摆动的钟摆，也许会摆到中心点——相当于'平均水平'，但它在中心点停留的时间极其短暂，可以说是一晃而过。股票市场经常大幅偏离正常收益水平，在很大程度上要归因于投资人的心理和情绪像钟摆一样大幅摆动。"

与境外成熟市场相比，A 股的波动更加剧烈。牛熊周期视角下，A 股指数在牛熊市中的涨跌幅均很大（如图 5-9、图 5-10 所示），在 1990~2020 年五轮完整的牛熊周期中，上证综指在牛市区间的平均年化涨幅为 126%（剔除第一次极端值），熊市区间的年化涨幅平均为 -58%。2019 年 1 月 4 日上证综指 2440 点为第六轮牛市的起点，到 2020 年底市场仍然处在牛市格局中，其间上证综指的涨幅为 21%。对比美股，道指在牛市中的平均年化涨幅仅为 20%，熊市平均年化跌幅也只有 29%，均远小于 A 股牛熊的平均涨跌幅。

为了研究 A 股的高波动源自何处，对万得全 A 的收益率进行拆解。具体来看，在 2005~2020 年全部 A 股的年化涨幅中，PE 的贡献率为 97%，EPS 的贡献率则为 3%，即 13.4% 的指数名义年化收益率可以拆分为 0.4% 的 PE 年化涨幅以及 13.0% 的 EPS 年化涨幅。作为对比，美股方面，1988~2020 年标普 500 不考虑分红的名义年化收益率为 7.7%，其中 PE 贡献了 10%，EPS 贡献了 90%。

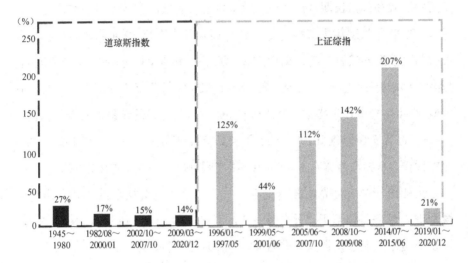

图 5-9　A 股、美股历次牛市期间股指年化涨幅

资料来源：Wind，截至 2020/12/31。

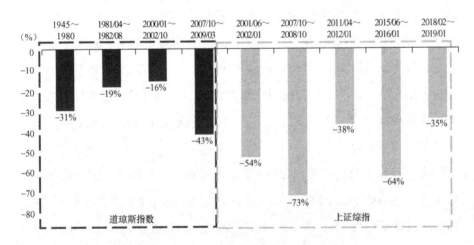

图 5-10　A 股、美股历次熊市期间股指年化涨幅

资料来源：Wind。

将A股的数据与美股对比能得出以下结论：

▶ A股与美股在长周期视角下收益率基本由盈利增长贡献，估值的影响极小。A股年化涨幅中估值和盈利的贡献率分别为3%和97%，美股为10%和90%。

▶ 无论是A股还是美股，估值的波动都比基本面波动更大。考虑到不同均值的数据组标准差的大小不能直接比较，因此计算变异系数（标准差/均值）来衡量两地股市收益率的波动。在A股，整体法下全部A股PE的变异系数为4.3，高于EPS的1.7；而在美股，标普500指数PE的变异系数为3.9，也远高于EPS的1.5。

▶ A股比美股波动大，且估值和盈利波动都大。横向对比，首先是估值的波动大，通过计算变异系数（标准差/均值）来衡量股市收益率的波动（如表5-3所示）。2005~2020年全部A股整体法PE年化涨幅的变异系数是4.3，高于1988~2020年标普500指数的3.9，背后的原因是机构投资者代表的成熟资金在A股的占比较低，且负债端受散户影响，部分机构投资者投资行为散户化。

表5-3 中美股指收益率拆解

指标	万得全A指数（2005~2020）		标普500指数（1988~2020）	
	年化涨幅（%）	变异系数	年化涨幅（%）	变异系数
收益率	13.4	2.4	7.7	0.8
PE	0.4	4.3	0.7	3.9
EPS	13.0	1.7	6.9	1.5

资料来源：Wind，S&P Global。

▶ 其次是A股的盈利波动也很大，全部A股EPS年化涨幅的变异系数是1.7，高于标普500指数的1.5。A股和美股盈利结构的差异导致了盈利波动性差异。如前文所述，截至2020年底A股中金融地产、制造、能源与材料行业的利润占比为82%，美股则为47%；A股中消费和科技行业利润占比为18%，而美股为53%。金融地产、制造、能源与材料行业周期性较强，盈利波动较大，而消费和科技行业周期性相对更弱，尤其是消费行业盈利波动较小。A股盈利结构中周期性强的行业利润占比高，使得A股的基本面波动也很大。

境外经验显示钟摆幅度会逐渐变小

虽然股票的波动性很高，但境外经验表明，随着股市发展，波动幅度会逐渐变小。回顾各国及地区从同时有股指数据及GDP数据的最早时间至2020年底的股市，可以发现新兴市场股市振幅更大。传统发达国家法国、德国、日本、美国、英国股市年平均振幅（年度指数最高点/最低点－1）分别达到了40.4%、38.6%、37.7%、33.4%、28.8%。高速增长的经济体更是伴随着股市和经济的大幅波动，中国香港、中国台湾、韩国的股市平均振幅分别高达68.8%、71.5%、52.7%。在经济增长最快的中国内地，上证综指平均振幅更是达到了86%，远超其他地区。虽然高速增长的经济体的市场指数的历史平均振幅更大，但长期来看，其指数的振幅中枢也在不断下降。如恒生指数在1964~1980年之间的平均振幅为90%，1980~2000年振幅降至65%，2000~2020年平均振幅进一步降至48%。台湾综合指数在1990~2000年之间的振幅为57%，2000~2020年降至32%。

股市指数长期振幅中枢降低主要有两方面原因：一方面是各国及地区的长期GDP增速中枢下移。回顾历史，各国及地区的股指年化涨幅与GDP名义年化增速表现出高度相关性。这其实是因为，长期看盈利是股市上涨的核心驱动力，而企业盈利与名义GDP增速相关性较强。

另一方面是各国及地区股市中机构投资者占比提升。回顾各国及地区股市发展的历史规律，机构投资者占比越高，投资者越理性，市场波动率越低。下面具体来看各个股市的情况。

美国道琼斯指数在1980年之前年平均振幅中枢为37%，1980~2020年降至28%，美国股市振幅的下降与美国经济增速以及制度性因素带来的投资者结构变化有关。GDP方面，美国实际GDP增速在1930~1980年之间平均为3.8%，1980~2000年降至3.4%，2000~2020年进一步降至1.8%。投资者结构方面，第2章中分析过，随着20世纪80年代美国养老金制度改革，大量长线资金入市使得美股中机构投资者的占比大幅上升，股市的波动性因此也逐步下降。

恒生指数年平均振幅从1980~2000年的68%降至2000~2020年的45%。而中国香港实际GDP增速在2000年后同样明显放缓，1980~2000年中国香港实际GDP增速为5.6%，2000~2020年降至2.9%。从投资者结构来看，2000~2020年中国香港机构投资者占比大幅提升，港股个人投资者交易占比从2000年的51.5%降至2018年的16%，机构投资者交易占比从2000年的48.5%升至2018年的84%（如图5-11所示）。

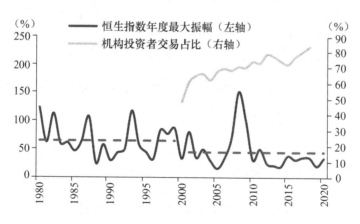

图5-11 中国香港机构投资者占比与股市波动

资料来源：Wind，港交所。

中国台湾加权指数在1991~2000年之间的年平均振幅中枢为65%，2000~2020年降至47%。从经济增速来看，中国台湾在1991~2000年之间的实际GDP平均为6.7%，2000~2020年降至3.4%。投资者结构方面，2000年之后中国台湾投资者结构出现两大变化。一个是机构投资者占比明显上升，中国台湾股市机构投资者持股数占比从2000年的44%升至2019年的64%（如图5-12所示）。另一个是外资流入，在2000年12月底中国台湾全面取消外资持股比例上限之后，中国台湾股市的外资持股市值占比从2005年的30%上升至2019年的41%。

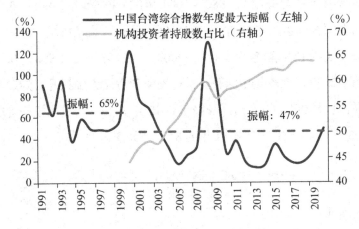

图5-12　中国台湾机构投资者占比与股市波动

资料来源：Wind，台湾交易所。

压低A股波幅的几个因素

回到A股，近几年可以发现其波动率和换手率都在下降。截至2020年底，在波动率方面，上证综指在1990~2000年之间的平均振幅为121%，2000~2010年降至78%，2010年之后进一步降至38%。A股的换手率也在下降，逐渐向成熟市场靠拢。股市换手率相较波动率下降趋势更明显，沪深 300 成分股年化换手率在 2005～2010 年间的均值为 543%，2010 年之后降至 383%。

展望未来，类似其他市场的发展历程，A 股的波动性将进一步收敛，具体逻辑如下：

▶ 经济增速放缓。近几年 A 股的波动率下降，与我国宏观经济增速放缓的背景有很大关系。2010～2016 年我国 GDP 增速持续下行，实际 GDP 同比从 2010 年 Q1 高点 12.2% 降至 2016 年 Q1 低点 6.7%。2016～2019 年我国经济变化幅度较小，GDP 增速变化较小，剔除 2020 年受疫情影响的特殊情况，2016 年 Q2～2019 年 Q4 我国实际 GDP 在 6.0%～6.8% 之间波动，在这种背景下，A 股振幅也在降低。

▶ 在经济高增长阶段，主导产业以制造业为主。这个阶段的企业盈利与 GDP 增速同步性较强，经济增速变化容易引发企业盈利的大幅波动，造成股市大幅震荡。而随着主导产业从制造业向消费和科技转变，第三产业占比明显提升，企业盈利和 GDP 增速开始分化，经济增速放缓，股市表现也更加稳定。这种现象在 1970 年后的美国、1975 年后的日本都出现过，美国 1970～1990 年第三产业占比从 66% 提高到 74%，日本 1975～1990 年第三产业占比从 56% 提升至 58%，产业结构变化，经济增速放缓，股市波动率降低。2010～2020 年我国第三产业占比从 44% 升至 55%，经济增速放缓、产业结构变化使得未来我国宏观经济、股市表现都更加稳定。

▶ 机构投资者占比上升。从投资者结构看，2014～2020 年散户占比已经下降，散户持股自由流通市值占比从 2014 年的 48% 下降到 2020 年的 36%，而以公募、外资和保险为代表的机构投资者的合计占比从 17% 上升到约 30%（如图 5-13 所示）。参考境外经验，随着未来 A 股机构投资者的占比持续上升，A 股的波动有望逐步趋于收敛。

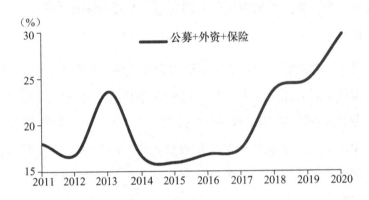

图 5-13　A 股机构投资者持股市值占比

注：按自由流通市值口径统计

资料来源：Wind。

哪类资金在股市更易胜出

分析完市场的波动性后，接下来采用长周期视角思考市场。回顾美股、A 股历史上不同体量和考核期限的资金有什么差异，哪类资金更易胜出？

美股：大规模基金业绩更优，普遍难赢指数

在长周期视角下观察美股基金的业绩，可以发现两个明显的现象：一是美股体量越大的主动管理型基金收益率越高，二是美股主动管理型基金普遍难以跑赢指数。

先对美股市场上不同体量的资金进行分析。通过研究美国主动管理型

基金规模与收益率的关系，统计美国 2011～2020 年开放式基金过去十年的平均复权单位净值增长率，可以发现美股主动管理型基金规模越大越易胜出。2011～2020 年规模在 1 亿美元以下的基金的十年平均复权单位净值增长率为 5.9%，规模在 1 亿～5 亿美元、5 亿～10 亿美元、10 亿～50 亿美元、50 亿美元以上的基金的十年平均复权单位净值增长率分别为 6.6%、6.9%、7.7%、8.1%。基金规模和回报正相关的结果是美股基金赢家通吃，更高的收益率得到投资者认同，引致新资金流入，形成良性循环，最终推升公募基金行业集中度。美国最大的 10 家基金公司的资产管理规模集中度从 2000 年的 44% 提升至 2020 年的 60%。

然而从能否跑赢市场的角度看，近年来美股主动型基金超额收益明显弱化，很难跑赢指数基金。统计美国 1990～2020 年股票型对冲基金和标普 500（代表被动型指数基金）的数据，考虑股息再投资的收益率，可以发现在 1990～2020 年这 31 年中，对冲基金跑赢被动型指数基金的概率为 43%。其中，1990～2007 年对冲基金跑赢被动型指数基金的概率为 61%，而 2008～2020 年对冲基金跑赢被动型指数基金的概率仅约为 10%，即近年来主动型基金几乎无法战胜指数。

A 股：长线大钱更易胜出，主动管理型基金跑赢指数

美股市场研究发现大基金业绩更优，但在多数人印象中 A 股中小基金更易操作，收益率更高。然而对 A 股基金规模与收益率的研究发现，与美股结论相同：大规模基金反而更易胜出。

从逻辑上看，A 股投资者担忧大基金业绩不佳的主要原因是基金在规模太大后无法像小基金一样重仓看好的个股，只能各种股票都配置一点，这样就无法取得明显超过市场的超额收益率。实际上，随着时代的变迁，个股规模的龙头效应也在凸显。将 2020 年主动偏股型基金根据基金规模分

为五档，规模居前20%的主动偏股型基金平均收益率为64.6%，后四档基金按规模从大到小排序后对应的收益率分别为50.0%、47.9%、47.1%和35.7%。头部基金的管理能力并未被规模拖累，表现反而更加突出。2020年全部A股自由流通市值大约是30万亿元，与2015年顶点相当，但是2015年顶点时，按照自由流通市值排序，前50大个股占总流通市值的比重为20%，2020年这一比重已经上升到30%，意味着当前有更多的大市值个股供大基金配置。此外，随着港股通的逐步扩大，以及阿里巴巴、京东等先后回归港股上市，基金也可将大量资金配向港股市场，而将港股也考虑在内后，前50大个股占总流通市值的比重从2015年的30%上升至2020年的40%。

但与美股相反的是，A股机构投资者大概率能跑赢指数，且长线投资者更易胜出。根据考核期限，将A股机构投资者分为短期、长期两类：短期投资者以公募基金最为典型，考核期限普遍为1年，长线投资者包括社保、保险、QFII以及陆港通基金。考虑到数据完整性，以QFII作为长线机构投资者代表与公募基金进行对比。其中公募基金收益率选择股票型基金总指数为基准，QFII选取历年年报重仓股（按流通市值）前30，计算个股年度涨跌幅，并按持仓占比加权，估算股票投资收益率。股票型基金2005~2020年复合年化投资收益率为15.4%，同期沪深300为10.9%，2005~2020年跑赢沪深300的概率为65%。QFII 2005~2020年估算复合年化股票投资收益率为21.9%，同期沪深300年化收益率为10.9%，2005~2020年跑赢沪深300的概率为76%。

那么在A股市场谁跑输了指数呢？根据上交所数据统计，2016年1月至2019年6月，A股各类型散户平均年度收益均为负数（如表5-4所示）。具体来说，账户规模在10万元以下的散户年均亏损2457元，10万~50万元的散户亏损6601元，50万~300万元的散户亏损30 443元，300万~

1000万元的散户亏损164 503元，1000万元以上的散户亏损89 890元，而机构投资者和公司法人投资者在此期间均实现了账户平均年度正收益，分别为1345万元和2344万元。可见，A股主动投资和被动指数的收益率差异与美股大为不同，A股规模庞大的散户投资者跑输市场，而机构投资者成为市场赢家。

表5-4　上交所各类散户、机构投资者、公司法人投资者的投资收益对比

账　户	总收益（元）	择时收益（元）	选股收益（元）
散户（10万元以下）	-2 457	-774	-1 532
散户（10万~50万元）	-6 601	-3 018	-2 433
散户（50万~300万元）	-30 443	-15 558	-10 171
散户（300万~1000万元）	-164 503	-80 767	-65 269
散户（1000万元以上）	-89 890	-411 584	402 271
机构投资者	13 447 655	-4 176 872	18 074 792
公司法人投资者	23 440 904	-14 766 355	38 244 620

注：数据为2016年1月~2019年6月单个账户的年化收益。
资料来源：上海证券交易所，券商中国。

中美两地主动管理基金与被动指数基金表现分化主要源于两地投资者结构的差异，我国公募基金表现好主要是因为A股仍然是散户为主的市场。我国个人投资者的高换手率导致高成本，从而整体收益表现较差，而机构投资者相比个人投资者专业能力更强，A股主动管理型公募基金的收益率更容易超越市场。目前我国持续积极引导外资和机构资金入市，展望未来，我国机构投资者占比规模将逐步向美国靠拢，届时公募基金与指数基金收益孰强孰弱也将类似于美股的情形。考虑到我国投资者机构化无疑是个漫长的过程，短期来看，我国仍然是散户占大头的市场，从而公募基金更容易获得超越市场的表现，所以对A股个人投资者而言，买基金是胜率更高的选择。

为何长线大钱更易胜出？

前文对国内外市场的分析得出了三个主要结论：一是，中美两国大规模基金业绩均更优；二是，美股机构投资者很难跑赢指数，A股则不然；三是，在A股，长线大钱更易胜出。其中第二个结论前文已经做出解读，源自两国机构投资者占比的差异，下面将进一步对其他两个结论做出解释。

为何存在更大规模的机构收益更高的规律？背后的原因之一是更大规模的机构能够聘请更专业的投资团队。以美国高校基金为例，高度专业化的投资队伍是大学捐赠基金有效管理和成功运作的关键。《美国一流大学捐赠基金管理的特征》一文中指出，在美国捐赠基金排名前10的院校中，投资委员会成员平均人数是8.9人，其中平均有4人是投资专业人士，平均有2.5人有另类资产投资的经验，顶级院校有另类资产投资经验的平均人数高达5.5人。具体来说，哈佛大学每年要在其资产管理上花费1亿美元，用来运营一支顶尖的投资经理队伍，由于哈佛大学的基金会规模庞大（大约300亿美元），每年1亿美元的管理费仅仅相当于其资产规模的0.3%，而基金规模小的高校无力承担高昂的资产管理费，因此有较大规模捐赠基金的大学可获得较高投资收益。

另一个原因是，基金费用中的行政管理费服从规模经济，其费用率随着资产规模的增加而降低。平均成本在整个基金资产内范围呈现递减趋势。同理，A股市场呈现出相似的规律。A股股票型基金的平均费率随着基金规模增大而降低，当基金规模增大到5亿元以上时，平均费率稳定在1.75%左右（如图5-14所示）。

长线投资者为何在A股市场表现更佳？巴菲特著名的"打孔理论"强调每个人投资机会有限，深思熟虑后投资收益会更高。而长线投资者资金量大、持股时间长,不仅拥有信息、研究分析优势,还有科学完善的决策、风险监控体制等优势,更注重投资的安全性和长期利益,换手率低,倾向长线持有。上交所2015年发布《大力推动机构投资者参与上市公司治理》,其中披露了2013年各类投资者持股期限与换手率,数据显示所有投资者平均持股期限为61.2天,换手率为199.7%。具体来看,散户持股期限为38.6天,换手率为449.5%;QFII持股期限为92天,换手率为101.4%;社保基金持股期限为118.0天,换手率为66.5%;资产管理机构持股期限为55.9天,换手率为61.5%;偏股型基金持股期限为94.7天,换手率为128.2%。长线投资者由于交易更加低频,收益也更高。

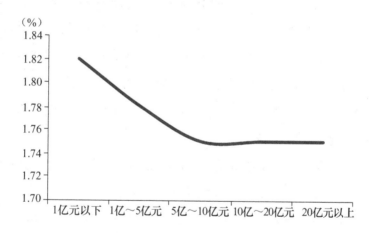

图5-14 A股股票型基金规模与平均行政管理费率

资料来源:Wind。

择时策略的有效性分析

2019年巴菲特在股东大会上曾表示,对于成功投资,进场时机只占3%,而资产配置占了97%,那么事实是否如此?本节以此为启发,探讨择时策略在 A 股和美股中的实用性。

在美股，择时可以有，但不常见

在美股，除了长期价值投资，择时策略也有生存的土壤。回顾道指 1900～2020 年的走势后发现，从幅度和时间两个维度看，在美股择时还是有必要的。统计历史上道指回撤超过 20% 的情况，1900～2020 年一共有 20 次。从幅度上看，在道指回撤期间，最大回撤幅度为 89%（1929～1932 年大股灾），最小为 20%（20 世纪 90 年代的海湾战争），回撤的平均幅度为 39%（中位数为 37%）。接近四成的回撤幅度意味着只要躲过哪怕半次危机，都可以避免近二十个点的损失。从时间维度上看，在道指回撤期间，最大回撤时间为 63 个月（1937～1942 年大股灾），最小为 1 个月（2020 年的疫情流动性危机），平均持续 20 个月（中位数 17 个月），即回撤平均持续一年半。在一个平均下跌四成、时间持续一年半的市场，择时策略的重要性并不能忽略。

然而，虽然择时策略值得重视，但是从概率上看，美股熊短牛长，频繁择时的意义并不大。前文算出美股历史上大约有 15% 的时间在熊市中，换句话说每六七年会有一次熊市，但是如果仅考虑二战以后指数跌幅超过 30% 的情况，概率就会下降到 11%，即大约每过 9 年才有一次值得逃顶的大跌，可见择时策略虽然有其必要性，但是频繁择时意义不大，投资者更多的精力应该放在余下 85% 的上涨阶段。

在 A 股，择时的效果在减弱

A 股市场方面，在过去择时的效果很好，择时能力出色的基金能取得明显的超额收益。以华夏大盘精选为例，从 2005 年底王亚伟接手华夏大盘精选开始，2006 年华夏大盘精选以 154% 的收益率排名第 12，2007 年以 226% 的收益率位列第一，比第二名高出 35 个百分点，2008 年排第二，2009 年再次得第一，2010 年第三。到 2012 年时，华夏大盘精选的净值在 6 年多的时间里涨了 11 倍。

华夏大盘精选在投资时会通过大幅调整股票仓位来获取择时收益（如图 5-15 所示）：在 2006~2007 年牛市中华夏大盘精选持有的股票市值占比一直在 80% 以上，同期其他偏股型基金的仓位并不高，从 2006 年初的 35% 缓步抬升到 2007 年底的 75%；到了 2008 年，随着金融危机蔓延，华夏大盘精选为了规避系统性风险，前两个季度大幅减仓 28 个百分点，同期其他基金只减了 10 多个百分点；2008 年 Q3~Q4 华夏大盘精选又大幅加仓 10 个百分点，而其他基金还在减仓；进入 2009 年，当经济在 Q2 确认复苏后，华夏大盘精选基金单季度大幅加仓 30 个百分点，从低仓位进入高仓位运行，而其他基金只小幅增加了 10 个百分点。

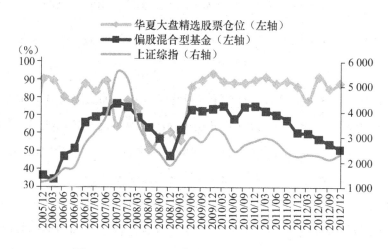

图 5-15　2006~2012 年华夏大盘精选股票仓位

资料来源：Wind。

因此整体来看，过去择时策略在 A 股能带来显著的超额收益。2006～2011 年这段时间股市牛熊转换剧烈，华夏大盘精选在牛市保持了极高的仓位，在市场牛转熊时迅速大幅降低仓位来控制系统性风险，待熊市后期又领先其他基金提前大幅加仓来获得市场向上的收益，这种择时策略使得在 2006～2011 年华夏大盘精选每一年的净值增长率均超过了同类基金和沪深 300 指数（如图 5-16 所示），6 年基金复权净值累计增长率为 1100%，同期主动偏股型基金累计涨幅中位数为 220%，沪深 300 累计涨幅为 150%。

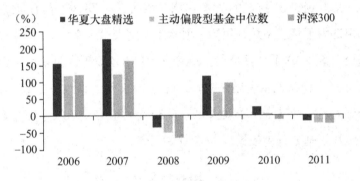

图 5-16　2006～2011 年华夏大盘精选与同类基金和沪深 300 的涨跌幅对比

资料来源：Wind。

从历史上看，择时确实能明显取得超额收益，那么未来择时策略的有效性能否延续？实际上从 2016 年开始，择时的效果已经开始减弱，背后的原因在于 2016 年后个股表现分化的现象愈加明显，把握结构性机会的重要性在上升。以全部个股涨幅标准差/涨幅均值来衡量全部 A 股的离散度，2005～2015 年全部 A 股的离散度平均为 1.7，2016～2020 年升至 3.8。在个股表现差异持续扩大的背景下，即便投资者把握了市场的整体趋势，但若在择股策略上出现失误，将依然难以跑出明显的超额收益。实际上，第 2 章的"资金端分析二：公募基金"分析过，近年来公募基金已经逐渐放弃了对仓位的大幅调整，侧面反映出择时策略的效果已经弱化。

牛市有三个阶段

前文根据股票市场的上涨下跌划分了市场的牛熊周期，而股市的上涨阶段，即牛市还可以进一步划分为三个阶段，本节就牛市三个阶段的驱动力和特征展开分析。

牛市是一个感性的认识和模糊的概念，金融学并没有严格的定义，牛市的核心是赚钱效应强，表象特征是指数涨、大部分股票上涨、场外资金进场。回顾历史，大家往往以指数的高低点来划分牛熊市，这样处理简明清晰，但没能准确阐述各阶段的特征。

实际上，基于资金面、基本面、情绪面，牛市可进一步细化为孕育期、爆发期、泡沫期三个阶段，而且它们的特征差异很明显。第一阶段孕育期：盈利回落、估值修复。在这一阶段基本面尚未从衰退中走出来，但是政策已经开始加码托底经济，宏观流动性宽松带动市场上行。这个阶段市场进二退一，回吐较大，整体偏震荡，为牛市全面爆发做准备。第二阶段爆发期：前期政策效果开始显现，基本面也开始复苏，政策维持宽松与基本面上行推动A股盈利估值戴维斯双击，牛市全面爆发，这个阶段市场涨幅最大。第三阶段泡沫期：宏观政策在确认基本面见底回升后开始退出，宏观流动性开始收紧，但企业盈利增速依旧在高位，情绪也更为乐观，与此同时，估值继续上行。

牛市的三个阶段在A股最近三轮牛市（2005/06～2007/10、2008/10～2010/11、2012/12～2015/06）中都有印证，下面将一一进行回顾。

2005年6月~2007年10月牛市三阶段

第一阶段孕育期（2005/06～2005/12），上证综指先从2005年6月的

998 点涨至 9 月的 1223 点（如图 5-17 所示），涨幅为 22.6%，随后回落至 12 月的 1070 点附近，跌幅为 12.5%。这一阶段宏观基本面相对平稳，GDP 累计同比增速从 2005 年 Q2 的 11.1% 微升至 2005 年 Q4 的 11.4%，全部 A 股净利润累计同比增速从 2005 年 Q2 的 4.1% 下滑至 2005 年 Q4 的 -5.8%，但这时流动性已经出现宽松，信贷余额增速从 2005 年 5 月低点 12.4% 回升至 2005 年 12 月的 13.0%，上证综指的 PE（TTM）从 6 月的 16.5 倍升至 9 月的 19.3 倍，随后回落至 10 月的 17.0 倍。

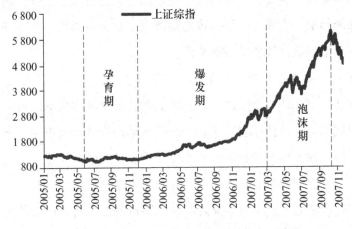

图 5-17　2005 年 6 月~2007 年 10 月牛市三阶段

资料来源：Wind。

第二阶段爆发期（2005/12~2007/03），上证综指从 2006 年 1 月的 1070 点涨至 2007 年 3 月的 3000 点，涨幅为 181.2%。这一阶段基本面触底回升，GDP 累计同比增速从 2005 年 Q4 的 11.4% 升至 2007 年 Q1 的 13.8%，全部 A 股净利润累计同比增速从 2006 年 Q1 低点 -14.4% 触底回升至 2007 年 Q1 的 80.7%，盈利与估值戴维斯双击，上证综指的 PE（TTM）从 2006 年 1 月的 18.4 倍升至 2007 年 3 月的 44.4 倍。

第三阶段泡沫期（2007/03~2007/10），上证综指从 2007 年 3 月的

3000点涨至2007年10月的6124点，涨幅为104.1%。这一阶段基本面增速已经放缓，GDP累计同比增速从2007年Q1的13.8%微升至2007年Q3的14.4%，全部A股净利润累计同比增速从2007年Q1的80.7%回落至2007年Q3的64.0%，但估值却继续上行，上证综指的PE（TTM）从2007年3月的44.4倍升至2007年10月的56.2倍，上证综指最终触顶6124点。

2008年10月~2010年11月牛市三阶段

第一阶段孕育期（2008/10~2008/12），上证综指先从2008年10月的1664点涨至12月初的2100点（如图5-18所示），涨幅为26.2%，随后回落至12月底的1814点，跌幅为15.8%。这一阶段宏观基本面持续下行，GDP累计同比增速从2008年Q3的10.6%降至2008年Q4的9.7%，全部A股净利润累计同比增速从2008年Q3的27.6%降至2008年Q4的-11.7%。为应对金融危机，2008年9月央行宣布降息降准，11月国务院常务会议推出刺激经济的四万亿投资计划，股市2008年10月触底反弹，上证综指的PE（TTM）从2008年10月的12.9倍升至12月初的15.9倍，随后回落至12月底的13.9倍。

第二阶段爆发期（2008/12~2009/11），上证综指从2009年1月的1814点涨至2009年8月的3478点，涨幅为87.4%，随后回落盘整至2009年11月的3400点附近。这一阶段基本面触底回升，GDP累计同比增速从2009年Q1的6.4%升至2009年Q4的9.4%，全部A股净利润累计同比增速从2009年Q1低点-26.7%触底回升至2009年Q4的25.2%，盈利与估值戴维斯双击，上证综指的PE（TTM）从2009年1月的14.1倍升至2009年11月的34.5倍。

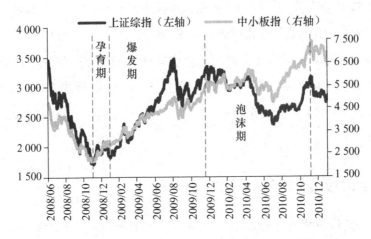

图 5-18　2008 年 10 月~2010 年 11 月牛市三阶段

资料来源：Wind。

第三阶段泡沫期（2009/11~2010/11），这一阶段上证综指整体区间盘整略下跌，牛市领涨板块转到中小板（如图 5-18 所示），以中小板观察牛市泡沫期表现。中小板指从 2009 年 11 月的 5500 点涨至 2010 年 11 月的 7493 点，涨幅为 49.9%。2010 年下半年基本面增速放缓，GDP 累计同比增速从 2010 年 Q2 的 11.4% 降至 2010 年 Q4 的 10.6%，中小板指净利润累计同比增速从 2010 年 Q3 的 45.2% 降至 2010 年 Q4 的 36.3%，中小板指的 PE（TTM）从 2010 年 7 月的 28.9 倍升至 2010 年 11 月的 38.3 倍，中小板指最终触顶 7493 点。

2012年12月~2015年6月牛市三阶段

2012 年 12 月~2015 年 6 月的牛市略复杂，结构上有些差异，有创业板指代表的中小创牛市（2012/12~2015/06）和上证综指代表的主板牛市（2013/06~2015/06）。

创业板指代表的中小创牛市第一阶段孕育期（2012/12~2013/04），

创业板指先从2012年12月的585点涨至2013年3月的905点（如图5-19所示），涨幅为54.7%，随后回落至4月的817点，跌幅为10.8%。这一阶段宏观基本面下行，GDP累计同比增速从2012年Q4的7.9%降至2013年Q2的7.7%，而创业板指净利润累计同比增速则从2012年Q4低点-9.4%上升至2013年Q1的5.2%，创业板指的PE（TTM）从2012年12月的28.8倍升至2013年3月的45.0倍，随后回落至2013年4月的39.8倍。

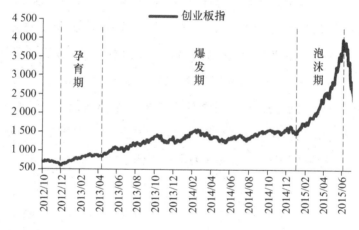

图5-19　2012年12月~2015年6月牛市三阶段（创业板指）

资料来源：Wind。

第二阶段爆发期（2013/04~2015/01），创业板指从2013年4月的817点涨至2014年12月，其间最高点为1657点，最大涨幅为102.8%。创业板指净利润累计同比增速从2013年Q2的7.4%升至2014年Q4的21.5%，盈利与估值戴维斯双击，创业板指的PE（TTM）从2013年4月的39.8倍升至2014年12月的63.3倍。

第三阶段泡沫期（2015/01~2015/06），2015年1月之后进入第三阶段，创业板指从2015年1月的1470点涨至2015年6月的4000点，涨幅为172.1%。这一阶段创业板指净利润累计同比增速从2014年Q4的21.5%上升至2015年Q2的31.8%，创业板指的PE（TTM）从2015年1月的55.9倍升至2015年6月的137.9倍，创业板指最终触顶4000点。

再来看上证综指代表的主板牛市。第一阶段孕育期（2013/06~2014/03），上证综指先从2013年6月的1849点涨至9月的2270点（如图5-20所示），涨幅为22.8%，随后回落至2014年3月的1974点，跌幅为15.0%。这一阶段宏观基本面仍在下行，GDP累计同比增速从2013年Q2的7.7%降至2014年Q1的7.4%，全部A股净利润累计同比增速从2013年Q2的11.4%降至2014年Q1的8.1%。2013年6月"钱荒"后央行政策放松，向金融机构提供流动性支持，2013年7月12日国务院常务会议研究部署促进信息消费，拉动国内有效需求，流动性改善，叠加经济稳增长信号，推动市场反弹，上证综指的PE（TTM）从6月的9.6倍升至9月的10.8倍，随后回落至2014年3月的9.1倍。

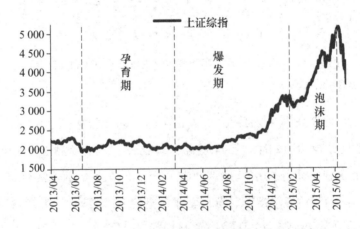

图5-20　2012年12月~2015年6月牛市三阶段（上证综指）

资料来源：Wind。

第二阶段爆发期（2014/03～2015/01），上证综指从 2014 年 3 月的 1914 点涨至 2015 年 1 月的 3400 点，涨幅为 72.2%，这一阶段基本面仍在下行，GDP 累计同比增速从 2014 年 Q1 的 7.4% 降至 2015 年 Q1 的 7.0%，全部 A 股净利润累计同比增速从 2014 年 Q1 的 8.1% 下降至 2015 年 Q1 的 5.6%。2014 年 11 月央行正式下调贷款基准利率后，货币政策转向宽松，市场迎来一轮流动性驱动的牛市，上证综指的 PE（TTM）从 2014 年 3 月的 9.1 倍升至 2015 年 1 月的 14.8 倍。

第三阶段泡沫期（2015/01～2015/06），上证综指从 2015 年 1 月的 3400 点涨至 2015 年 6 月的 5178 点，涨幅为 52.3%。这一阶段 GDP 累计同比增速从 2014 年 Q4 的 7.3% 降至 2015 年 Q2 的 7.0%，全部 A 股净利润累计同比增速从 2014 年 Q4 的 5.9% 升至 2015 年 Q2 的 8.6%，上证综指的 PE（TTM）则从 2015 年 1 月的 13.6 倍升至 2015 年 6 月的 22.9 倍，上证综指最终触顶 5178 点。

A 股的日历效应

前文通过对海内外市场的分析，多次提到长期而言股价走势由基本面决定。然而就年度投资而言，除了分析基本面，在一年里的不同时间段，投资者们的关注点也往往不同。通过回顾历史行情，本节对每一年各个时间段市场关注的焦点进行梳理。

整体回顾

单纯从收益率的角度出发，从月度统计看，A 股 2 月、11 月胜率高。回顾 1991～2020 年上证综指月度涨幅，可以发现 2 月与 11 月上证综指胜率（当月取得正收益年数/总年数）分别为 70.0% 与 63.3%，月度涨幅的平均值分别为3.0%、2.5%，中位值分别为3.5%、3.0%。上证综指在9月胜率最低，为46.7%，月度涨幅平均值与中位值分别为 -0.6%、-0.3%。其他月份胜率在50%附近（如图5-21所示）。

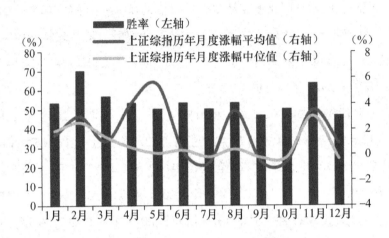

图5-21　1991~2020年上证综指月度胜率与涨幅

资料来源：Wind。

市场行情呈现了特定的时间规律，一定程度上源自一年中每个阶段的关注点不同（如图5-22所示）。总的来说，年初至3月投资者往往会关注开年情绪高涨带来的春季躁动行情、由中央一号文件刺激的农业板块行情，以及3月两会带来的会议行情。4月是基本面和政策面的验证期，投资者对新一年的经济基本面和宏观政策面的判断更明确。5~10月境外市场通常有"5月清仓"（Sell in May）效应，A股这个阶段表现也相对平淡。每年9~11月会召开中共中央全会，每五年10月、11月会召开党代会，12月会召开中央经济工作会议。10~12月受年底基金排名影响，博弈行情频现。下文将对每个时间段展开具体分析。

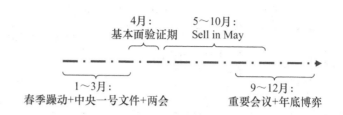

图 5-22　A 股一年中各阶段关注点不同

资料来源：Wind。

1~3月：春季躁动 + 中央一号文件 + 两会

岁末年初需关注春季躁动。从历史上看，春季行情是一个相对宽泛的概念，启动有早有晚，并非简单地始于元旦或者春节。若以沪深 300 来刻画，回顾 2002~2020 年（沪深 300 的历史数据始于 2002 年）A 股岁末年初的行情，均有一定程度的春季行情，只是启动时间和涨幅会有差异。

启动时间早晚往往与上一年三四季度行情有关：若三四季度行情较弱，则春季行情启动偏早，最早于上一年 11 月启动，如 2004 年、2006 年、2008 年、2013 年、2020 年。若三四季度行情较好，则春季行情启动较晚，1 月中下旬甚至 2 月初才启动，如 2002 年、2005 年、2007 年、2010 年、2011 年、2014 年、2015 年、2016 年、2017 年。其他年份在元旦附近启动。

春季行情持续时间最长为 112 个交易日，最短仅为 17 个交易日，平均为 50 个交易日，其间沪深 300 涨幅最大为 89.6%，最小为 5.7%，平均为 22.8%。综上所述，春季行情每年都有，但启动时间差异较大（如表 5-5 所示）。

表 5-5 2002~2020 年春季行情市场表现

年度	春季躁动时期（沪深 300）	沪深 300 最大涨幅（%）	期间交易天数（天）	躁动之前市场（沪深 300）		
				下跌时期	最大跌幅（%）	下跌天数（天）
2002	2002/01/21~2002/03/21	25.0	34	2002/01/04~2002/01/21	15.8	34
2003	2003/01/06~2003/03/03	13.1	34	2002/11/05~2003/01/03	15.2	43
2004	2003/11/18~2004/04/06	30.5	92	2003/07/17~2003/11/18	14.8	84
2005	2005/01/21~2005/02/25	9.6	19	2004/09/23~2005/01/21	17.4	81
2006	2005/11/16~2006/03/01	牛市 24.8	105	2005/09/19~2005/11/15	11.8	37
2007	2007/02/06~2007/05/29	牛市 89.6	112	2007/01/30~2007/02/05	11.0	5
2008	2007/11/29~2008/01/14	21.0	31	2007/11/01~2007/11/28	17.1	20
2009	2008/12/31~2009/02/17	牛市 36.2	48	2008/12/09~2008/12/31	13.3	17
2010	2010/02/03~2010/04/06	8.1	39	2009/11/24~2010/02/03	14.2	51
2011	2011/01/25~2011/04/18	14.7	60	2010/11/11~2011/01/25	16.3	53
2012	2012/01/06~2012/03/13	17.0	43	2011/11/04~2012/01/06	17.6	44
2013	2012/12/04~2013/02/08	30.2	46	2012/10/23~2012/12/03	8.8	30
2014	2014/01/21~2014/02/19	牛市 5.7	17	2013/12/05~2014/01/20	12.2	32
2015	2015/02/09~2015/04/27	牛市 45.8	77	2015/01/08~2015/02/06	8.9	22
2016	2016/01/29~2016/04/13	13.4	48	2015/12/23~2016/01/28	26.2	26
2017	2017/01/16~2017/04/07	6.0	53	2016/12/02~2017/01/16	6.6	31
2018	2017/12/28~2018/01/26	9.2	21	2017/11/14~2017/12/27	6.1	32
2019	2019/01/04~2019/04/09	牛市 35.7	62	2018/09/28~2019/01/03	13.8	63
2020	2019/12/02~2020/01/14	牛市 9.6	31	2019/11/08~2019/11/29	3.6	16
汇总平均值		22.8	50		13.3	39

资料来源：Wind。

躁动行情缘何而起？开年投资者风险偏好较高且流动性宽松，而 1 月、2 月基本面数据少，全年主线尚不明朗，因而政策和事件成为行情的主要驱动力。

1月底关注中央一号文件。中央一号文件指中共中央每年发布的第一份文件。从2004年开始至2020年，中共中央已经连续十七年发布以"三农"（农业、农村、农民）为主题的中央一号文件，因此在中央一号文件发布前后，市场往往会加大对农业农化等相关行业的关注。中央一号文件往往在一月底二月初发布，2004~2010年中央一号文件主要聚焦新农村建设和农民增收问题，2011~2016年围绕农业现代化展开，2017年提出深入推进农业供给侧结构性改革，2018年提出关于实施乡村振兴战略的意见。中央一号文件发布后，农业及化肥板块往往有较大涨幅，如2019年中央一号文件提出坚持农业农村优先发展做好"三农"工作，2020年提出抓好"三农"领域重点工作确保如期实现全面小康。回顾2005~2020年这16年中央一号文件公布前15天及后15天中信农业指数、中信农用化工指数的市场表现，前15天指数相对沪深300平均累计超额收益率分别为1.0%和-1.0%，后15天指数相对沪深300平均累计超额收益率分别为1.4%和0.8%。

每年3月关注两会行情。两会是中华人民共和国全国人民代表大会和中国人民政治协商会议的统称，每5年一届，会议在每年3月初召开，一般持续10天左右。两会行情一般在会前20天及会后20天内较为明显（如图5-23所示），从1997~2020年的数据来看，会前20天、会中、会后20天上证综指平均涨幅分别为3.2%、0.0%、5.9%，胜率（涨幅为正的年数/总年数）分别为66.7%、54.2%、79.2%。

4月：基本面验证期

4月前的市场处在由短期政策或事件引导的躁动行情中，因为4月以前经济基本面与宏观政策面不太明朗。4月之后，3月的宏观数据逐步公布，企业的年报及一季报也开始披露，基本面逐步明朗；全国两会开完，宏观政策形势也更明朗，因此在 4 月投资者可以对行情做出更明确的判断。回顾 2011～2020 年的 4 月股市情况，2011 年、2014 年、2016 年、2017 年 4 月股市下跌，2013 年、2015 年、2020 年 4 月股市上涨，2012 年、2019 年 4 月股市短期上涨后于 5 月开始下跌。

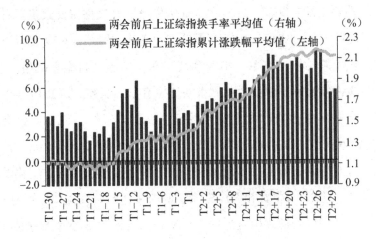

图 5-23　1997～2020 年两会前后上证综指平均表现

注：T1 为两会开始日，T2 为两会结束日。
资料来源：Wind。

历史经验表明，基本面或政策面变差时，4 月后市场会下跌。

2011 年初，为了控制过快上涨的房价，"国八条"等调控政策密集出台。4 月，为控制过高的通胀，央行上调存款准备金率 0.5 个百分点。地产和货币政策从 2010 年开始逐步收紧，累积到 2011 年 4 月，市场最终出现熊市大跌。这次下跌源于政策变紧最终带动基本面变差，股市出现杀估值、杀盈利的戴维斯双杀。

2012 年 4 月上市公司公布业绩，全部 A 股 2012 年 Q1 归母净利润同比增速由上季度的 13.4% 大幅下滑至 0.5%，虽然当月因为金融改革上证综指有所上涨，但5月后指数依旧大幅下跌。2014年上半年行情的焦点仍然在创业板，4月创业板指2014年Q1归母净利润同比增速由上季度的28%下滑至22%，2013年利润增速回升的趋势被逆转，创业板指下跌。2012年、2014年是非常典型的基本面恶化导致股市下跌。

2016年4月国内超日债、华鑫钢铁等信用债风险不断暴露，加上权威人士的文章，市场担心会出现大面积债务违约，股市下跌。2017年3月底4月初银监会密集发文，加强金融监管，资金利率上升，风险偏好回落，股市下跌（如图5-24所示）。2016年、2017年是典型的阶段性政策面偏紧导致市场出现了阶段性下跌，由于基本面向好，市场经历一段时间调整后最终上涨创新高。

图5-24　2016年、2017年4月前后股市走势

资料来源：Wind。

相反，当基本面或政策面变好时，4月后市场上涨。2013年市场的焦点是创业板。经历2012年底到2013年初的反弹后，4月初市场对创业板分歧很大。季报显示创业板指2013年Q1归母净利润同比增速由上季度的17%增至24%，创业板指最终突破向上，走成牛市形态。2015年4月央行

降准，同时人民日报发文《4000 点才是 A 股牛市的开端》，投资者情绪高涨，股市上行。2013 年创业板行情是非常典型的盈利改善推动基本面，2015 年全面牛市与政策面偏暖有关（如图 5-25 所示）。

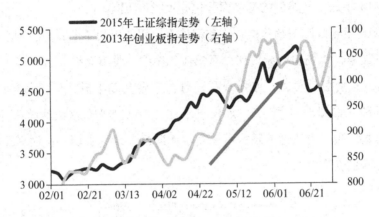

图 5-25　2013 年、2015 年 4 月前后股市走势

资料来源：Wind。

5~10 月："Sell in May" 效应

当时间推移到 5 月时，市场会出现"Sell in May"效应。"Sell in May"这一说法源自华尔街，所表达的是每年 5 月前后市场往往开始走弱。统计 1970~2020 年标普 500、日经 225、恒生指数、德国 DAX、台湾加权指数的涨幅，可得到历年 5~10 月涨幅中值分别为 1.88%、-1.14%、4.55%、-0.24%、0.63%，低于历年 11 月至次年 4 月的 7.39%、10.70%、16.36%、4.21%、14.81%。境外专业研究认为季节、假期等对情绪的影响是"Sell in May"效应的主因，会使得投资者情绪发生变化，进而影响股票收益率表现。

A 股也有"Sell in May"效应，但诱因与境外不同。经过统计，1991~

2020年上证综指5~10月、11月至次年4月涨幅历年均值分别为-1.5%和11.3%，2000~2020年万得全A指数5~10月、11月至次年4月涨幅历年均值分别为-0.8%和15%，可见5~10月这半年股市收益明显差于11月至次年4月。A股出现"Sell in May"行情主要跟我国每年的政策周期有关：每年1~2月召开地方两会，国家多部委召开年度工作会议，3月召开全国两会，10~11月召开中共中央全会，12月召开中央经济工作会议。相比而言，5~10月是政策淡季，对股市刺激较少。4月、5月宏观经济数据明朗，上市公司公布年报和一季报，市场进入验证期，而在这之前市场已躁动过，因此只有数据持续改善且好于预期，市场在5~10月才有继续上涨的动力。

但值得注意的是，从胜率角度看，"Sell in May"效应并不必然出现。往年数据显示，1991~2020年上证综指5~10月、11月至次年4月的胜率分别为48%和52%，2000~2020年万得全A指数5~10月、11月至次年4月的胜率均为45%。出现这种情况的原因在于历史上几乎每年的2月和11月股市表现均较好，这两个月的样本拉高了11月至次年4月的收益率，因此投资者无须在5月过于担忧市场下跌。

9~12月：重要会议+四季度博弈

每年9~11月的中共中央全会、每五年的10~11月的党代会是投资者关注的焦点。从行情表现来看，回顾1997~2017年党代会及1997~2020年较受股市关注的三中全会至六中全会前后上证综指表现，党代会开幕前15天与闭幕后15天上证综指平均涨幅分别为2.6%与-3.6%，三中全会至六中全会开幕前15天与闭幕后15天上证综指平均涨幅为1.2%与0.6%。

此外，每年12月召开的中央经济工作会议也会对市场行情有所影响。中央经济工作会议是中共中央、国务院召开的规格最高的经济会议，它的任务是总结当年的经济工作成绩，分析研判当前国际国内经济形势，制定来年宏观经济发展规划，投资者对此会议非常关注。回顾1997～2020年会议前后股市表现，会议开始前上证综指往往震荡走平，至会议开幕前两天开始上涨，会后行情受到年底利率抬升影响，往往会有调整（如图5-26所示）。

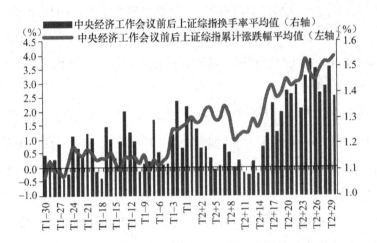

图5-26　1997～2020年中央经济工作会议前后上证综指平均表现

注：T1为两会开始日，T2为两会结束日。
资料来源：Wind。

每年年底市场博弈氛围会比较浓厚。从具体行业来看，梳理历史行情可以发现银行、地产往往在岁末年初有异动，背后的主要诱因是四季度公募机构进入最后一个考核季，公募机构排名考核制度安排使得四季度博弈因素增多，往往也是市场变盘的节点。

历史上银行、地产出现超额收益的大涨行情主要有2012年12月～2013年1月、2014年11～12月、2018年1月三次典型样板：2012年11月8日中共十八大召开，改革预期升温点燃股市行情，2012年11月30日～

2013年2月4日银行指数最大涨幅为54.2%,地产为34.1%,上证综指为25.2%。2014年11月22日央行采取非对称方式下调金融机构人民币贷款和存款基准利率,货币政策出现重大转向,2014年11月20日~2015年1月6日银行指数最大涨幅为62.5%,地产为43.2%,上证综指为39.3%。2017年底受益于利率下行,A股迎来开门红的春季躁动,2017年12月20日~2018年2月7日银行指数最大涨幅为19.2%,地产为23.0%,上证综指为9.9%。

总结2012年底、2014年底、2018年初三轮银行、地产板块大涨的核心动因,可以发现银行、地产在大涨前期业绩表现并不十分突出,但这些板块的估值和机构持仓均处于低位,大涨前期涨幅落后,加之相关事件适时激发了市场情绪,从而推动了上涨行情。

具体来看(如图5-27所示):第一,2012年12月~2013年1月银行板块大涨。2012年前11个月经济回落,银行坏账担忧重启,银行年初至11月累计涨幅为-4.3%。基金三季报显示银行板块在机构配置占比仅为5.3%,创2007年来新低。此次上涨开始前(2012/11/30)银行板块估值PB(LF,下同)仅为1.08倍,创2005年来新低。2012年9月银行板块股息率为4.94%,高于全部A股的股息率2.74%。2012年11月8日中共十八大召开,改革预期升温点燃股市行情,加上机构配置比例较低和市场风险偏好较高,银行股在2012年12月4日~2013年1月31日期间大涨45%。

第二,2014年底银行和地产板块大涨。2014年基金三季报显示地产、银行配置比例分别为3.3%、1.9%,相较于沪深300行业占比,分别低配1.1、16.9个百分点。地产、银行PB(2014/10/31)分别为1.90倍和0.86倍,2014年9月银行板块股息率为6.22%,高于全部A股的2.82%。2014年前十个月银行板块涨幅仅为13%,而其他行业涨幅均值为25%,

随后 11 月 21 日央行意外宣布降息，一年期存款基准利率下调 0.25 个百分点至 2.75%，机构持仓较低的银行、地产接力起舞，至年底涨幅分别达到 57%、39%。

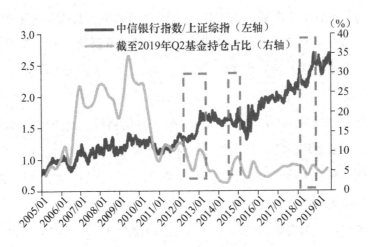

图 5-27　银行板块表现与基金持仓

资料来源：Wind。

第三，2018 年 1 月银行股大涨。2018 年 1 月中信银行指数涨幅达到 18.3%，此轮银行股大涨的突出特点是港股涨幅大于 A 股涨幅，建设银行当月 A 股涨幅为 23.96%，港股涨幅为 26.67%，农业银行为 17.75%、34.62%，中国银行为 15.87%、25%。2017 年 Q4 银行板块基金持仓仅为 6.8%，同时上涨开始时银行板块估值处于历史低位，银行 PB（2017/12/29）仅为 1.01 倍，而全部 A 股 PB 为 2.02 倍。2017 年 12 月银行板块股息率为 3.38%，高于全部 A 股的 1.85%。

| 第6章 |

行无疆，勤思量[一]

到了本书的最后一章，写点轻松的内容。从事证券研究14年，一直在卖方（即证券公司研究所）工作。基金公司、保险公司、外资等从事投研工作的同行们，通常被称为买方。卖方的主要职责是做研究、写研究报告，并将研究成果提供给买方客户，路演是个重要的途径。路演交流对研究有很大的促进作用，就研究成果与投资者交流讨论后，往往有新的体会，有助于研究进一步走向纵深。最近几年，随着A股不断国际化，外资规模越来越大，境外路演越来越多。到境外与外资交流，往往有些不一样的感悟。我做了些记录，从中挑选出一部分作为本书的最后一章。

桥归桥，路归路：韩国路演随想

上周我去韩国路演，这是我第五次到韩国路演，犯了经验主义错误，去之前没看天气预报，恰遇韩国降温，感受了一下春天的寒（韩）

[一] 本章内容为作者过去记录的感悟，文末均有写作日期，故不标明具体日期，保留原文。

流,好在最后两天气温有所回升,汉江边的樱花也开了。对于 A 股的看法,韩国投资者与中国投资者的差异,跟天气差异类似,韩国的温度略低。

韩国投资者介于欧美和中国投资者之间

第五次来到韩国,很多投资者都见过,韩国投资 A 股的团队成员会讲中文的越来越多,当然其中有部分是中国人,尤其是朝鲜族占大多数。韩国投资者对 A 股的看法没有中国投资者那么乐观,今年以来也只是跟随行情,并没有很激进。感觉韩国机构投资者的风格介于欧美和中国投资者之间。韩国投资者一方面很关注基本面,路演中交流了很多宏观问题的看法,包括中国杠杆率的问题:去杠杆未来怎么推进,政府隐形债务如何化解?减税降费的问题:对经济增长和企业盈利有多大影响?还很关心欧美经济增速下滑对中国外需的影响、人民币汇率走势等问题,这些问题的讨论跟欧美投资者很相似。另一方面,韩国投资者又很关注 A 股市场的热点问题,比如科创板对市场有何影响,会带来哪些投资机会,5G、人工智能、新能源车等投资机会如何?还关注区域主题投资机会。在讨论这种比较偏向热点、趋势的问题时,感觉又比较贴近中国投资者。

我想这源于韩国离中国比较近,文化交流比较多,韩国文化本身就是中西的结合。每次到韩国,听韩语就觉得很有意思,韩语词汇分为固有词、汉字词、外来语借词,感觉就是一个综合体。

外资之间也有明显差别

最近几年,随着沪深股通的开通以及 A 股纳入 MSCI,A 股中外资占比越来越多,截止到 2018 年底,外资持股市值占全部 A 股自由流通市值的接近7%，仅次于公募和保险。境外路演的次数也多了起来，2018年境外路演了8次，2019年预计也有这么多。路演中我接触到了各个国家和地区的不同投资者，发现外资之间差异也挺明显。以北京为圆心，全球投资A股的投资者可以分为中国（北京—上海、深圳、广州—港台）—日韩—欧美、澳大利亚—中东这么几个层次，离北京越近的投资者越了解中国，关注得越细，好比用放大镜看东西，美和丑都容易放大。而离北京比较远的投资者，用望远镜看中国，看的是大概形态，不太在意短期的噪声，更加关注长期的逻辑。

外资之间的差异除了与地理位置的远近有关外，还与基金的持有者结构有关，主要可以分为三种：第一种是在本地募集散户资金的基金，如中国台湾和韩国，基金的持有人基本以散户为主；第二种是以养老金为主要持有人的基金，如美国、澳大利亚，美国共同基金中养老金占比为53%；第三种是主权财富基金，如中东、北欧的基金。目前世界前三大主权财富基金分别是挪威政府养老基金、中投公司以及阿布扎比投资局。不同资金特征的外资之间差异会很明显，在韩国路演时，客户中有产品设计部门的人问我们发行A股相关产品时怎么结合A股的热点给产品命名，能更加吸引投资者购买，这点就很像中国的公募产品，因为都是面对个人投资者。而2018年11月到中东路演时，主权基金问的问题都是聚焦未来3年甚至5年的。此外，外资中有些产品在设计时就是量化对冲产品，所以陆港通北上资金有频繁流进流出的交易就并不奇怪了。

思考：桥归桥，路归路

做了12年卖方研究（截至2019年），有人说卖方要见人说人话、见鬼说鬼话，这是一句调侃，也确实有一定的道理，但并不是说卖方没有原则地迎合买方，而是说有了基本面的研究基础之后，针对不同资金属性的投资者，讨论的焦点问题不同。其实无论是外资还是内资，投资风格取决于资金属性和考核标准，桥归桥，路归路。考核期只有 1 年的产品注定要关注较为短期的政策和事件，追逐趋势和热点在所难免。而考核期长达 3 年甚至 5 年的产品，可以做时间的朋友。以贵州茅台为例，茅台从 2014 年最低点 88 元到现在接近 950 元，五年年化收益率接近 60%，回头看收益率很高，但是过程很艰难，2014～2015 年创业板代表的成长股行情非常火爆，能安心持有茅台而不为所动是非常困难的，尤其是年度考核的产品。上交所曾经披露过 2013 年 QFII 的换手率为 101.4%，当年偏股型基金的换手率为 249.6%，考核期较短的基金相对 QFII 交易明显更加频繁。

其实把时间拉长来看，投资期限越长，投资规模越大的投资者越有可能胜出。《21 世纪资本论》中有统计数据，美国全部高校基金 1980～2010 年的实际年化收益率为 8.2%，而规模前三的基金年化收益率超过 10%。A 股也有类似的规律，我们统计了 2010～2018 年年均规模 50 亿元以上的公募基金（47 只）年化收益率有 5%，而年均规模 1 亿元以下的基金（110 只）年化收益率为 -12%。《股市长线法宝》中统计过 1802～2012 年美国大类资产年化收益率，在考虑利息再投资的情况下，股票、长期国债、短期国债、黄金、美元的名义年化收益率分别为 8.1%、5.1%、4.2%、2.1%、1.4%，美国股票在长期的收益率远超过其他的大类资产。

罗伯特·弗罗斯特的诗《未选择的路》展现了现实生活中人们处在十字路口时难以抉择的心情。如果可以选择，选择决策期限更长的路效果可能更好，股市最大的陷阱就是投资者往往高估短期、低估长期，而事实上慢才是快。

（原文写于 2019 年 4 月 10 日，略有修改）

投资收益是认知的变现：中国港澳路演随想

2019年1月4日上证综指2440点以来市场很火热，最开始市场流传着外资抄底的故事，1~2月陆港通北上资金确实大规模流入。上周我在香港和澳门路演，拜访了很多外资机构，有些随想。

1月份内资看不懂外资，现在外资看不懂内资

1月4日市场最开始上涨的时候，外资流入确实很明显。1月陆港通北上资金净流入607亿元，受外资大幅流入影响，价值股如上证50单月大涨8%。历史上，上证50单月涨幅超过8%的月份基本上都处在牛市的中后期。1月份我在内地路演时，内地机构投资者纷纷疑惑：为何外资在2500点左右大规模买入A股？它们对中国基本面这么有信心？经过1月份上证50领涨后，2月以来创业板指大幅领涨。这次到香港、澳门路演时，外资机构都在问：为何内资疯狂炒作创业板？散户们都大举入场了吗？这真是很喜剧的一幕，1月份内资看不懂外资，现在外资看不懂内资。

交流中比较有意思的是，外资机构反馈它们1月、2月买入A股的规模并没有比去年高很多。统计数据显示，今年1月、2月陆港通北上资金连续两个月净流入600多亿元，而2018年全年北上资金月均流入245亿元，单月最高流入也只有509亿元。统计数据和路演反馈有些出入，也许跟交流的样本不全有关。另外一个有意思的现象是，外资机构反馈没怎么参与2月份以来的A股创业板行情，但从统计数据看，在陆港通北上资金买入的个股里，2月份创业板指成分股占比接近9%，1月份不到6%，而2018年全年占比只有5%，这可能也跟交流的样本不全有关吧。

外资最关心基本面和汇率

路演过程中外资机构最关心的还是基本面和人民币汇率问题。1月份外资买A股确实有汇率的因素，当时基本面数据差，MSCI提高A股权重还比较远，真正比较实在的买入驱动力是人民币升值。去年12月开始，美联储开始偏鸽，标普500指数于2018年12月26日探底后开始一路回升，外资风险偏好确实有提升，更直接的是，人民币汇率从2018年底开始一路升值，从2018年底的最低点至今最大升值幅度为4.3%，累计升值幅度为3.7%。1月份外资买入处于估值底部的A股，哪怕基本面暂未好转，依旧可以赚汇率的钱。

目前外资对基本面仍存在一些忧虑，最近公布的PMI、进出口数据等都不佳。3月下旬进入上市公司年报集中披露期，外资最关注白马类公司，如中国平安年报预计披露日为3月13日，招商银行为3月23日，贵州茅台为3月29日，美的集团为4月20日。此外，人民币汇率目前处于2018年7月以来高点，标普500指数从去年年底至今已累计上涨15%，外资机构担心汇率的波动，以及未来美股下跌对A股的影响。2018年2月、10月美股大跌时，北上资金流出26亿元、105亿元。实际上，最近几天外资开始流出A股，上周三以来北上资金过去四天累计流出80亿元。

思考：投资最终是认知的变现

1月份内资看不懂外资为何坚定抄底，到现在外资看不懂内资为何疯炒创业板，反映的都是一种焦虑的心态。其实1月4日上证综指2440点以来，大部分机构都被市场牵着走，微信里流传的牛拖着人奔跑的图片非常形象生动。虽然市场上涨，但踏空和赶不上节奏是机构投资者普遍的感受，焦虑源于业绩考核的压力。实际上，这一轮上涨确实太快，而且最近1个多月概念类股涨幅惊人，申万亏损股指数2月至今累计上涨约50%，跑赢上证综指30个百分点。这种市况之下，段子频出，如"A股用了三年教会投资者价值投资，然后再用一个月告诉大家价值投资者是傻子"，又如"看了基本面，收盘去吃面。讲究基本面，输在起跑线。遵从基本面，天天只吃面。忘记基本面，拥抱大阳线"。

做了近十二年的卖方研究，我一直在思考如何分析市场、预判市场，渐渐地我发现市场是不完全可知的，因为经济学、金融学是社会科学，研究的是人的行为，信息本身不完备、市场参与者对同一信息的反映也不同，这有别于研究物的自然科学。如同康德哲学讲的，我们只能认识现象，世界的本质无法被认知，甚至不存在什么本质。实际上，我们都是盲人摸象式地认识世界、认识市场。价值投资、成长投资、趋势交易等都是认识市场、参与市场的手段，没有优劣贵贱之分，如同武林中的少林、武当、峨眉等各个门派。

做一个简单的回顾，以价值投资、成长投资、趋势交易三种投资方法为例。贵州茅台是价值投资标的的代表，茅台的股价从2014年1月低点88.7元，到今天740元左右，累计涨幅为732%，年化涨幅为51%。东方财富是成长投资标的的代表，股价从2012年底的0.55元至今累计涨幅为3409%，年化涨幅为78%。中信证券是趋势交易标的的代表，股价2014年10月底为11.2元，2015年1月达到高点33元，累计涨幅为194%；2018年底股价为16元，到今天最高点约为28元，累计涨幅为74%。两次加在一起涨幅是268%，再乘以2（假设一倍杠杆），涨幅是536%，2014年至今一倍杠杆下年化涨幅也有53%。

其实每一种投资策略和方法，只要能很好地运用，都能有很高的收益。投资最怕的是既要、又要、还要、不停要，不知道自己为什么挣钱，挣什么钱。佛学说戒、定、慧，戒即有所为有所不为，定即目标专一，慧即交易精进。根据自己的投资哲学和理念，构建投资策略和风险管理体系，挣该挣的钱，框架不起作用时就休息，进退有序，从容面对市场，从心由境造到境由心造。投资收益最终是认知的变现。

（原文写于 2019 年 3 月 12 日，略有修改）

余生很长，愿你我都不慌张：中东路演随想

前几天去阿布扎比和迪拜路演，这是我第一次到中东，近距离接触阿拉伯世界，感觉进入了一个新世界。

神奇的地方：有油就有一切

踏上阿拉伯半岛的第一感受是这里不一样，首先上班的时间就不一样，因为周五要做礼拜，他们周日到周四上班，所以我和同事周六就赶到了。包括阿布扎比和迪拜，整个阿联酋地处沙漠地带，各类资源极其匮乏，却偏偏盛产石油，可以说这里除了石油什么都没有，也正是有了石油就什么都有了，真是神奇。

阿联酋已探明的石油储量占世界石油总储量的 9.5%，居世界第 6 位，正因如此，阿联酋有"沙漠中的花朵"的美称。有了石油就有了钱，一切都好办。卖油是一本万利的暴利生意，因此阿联酋财大气粗，耗资 55 亿美元，历时 13 年修建了谢赫扎伊德清真寺，这是阿联酋最大的清真寺。有了钱，不仅建清真寺，要绿色就人工培养树木，一棵树的养育成本年均达 500 美元；要海景房就建人工岛，迪拜有世界上面积最大的人工岛项目——棕榈岛；想吃就把全世界的美食买过来，在中餐馆吃饭时，我发现拍黄瓜和脆皮鸡的价格居然差不多，因为买的主要是运费，食材本身的成本占比小。

作为全球水资源最为匮乏的国家之一，阿联酋为缓解水荒提出了冰山计划，去南极拖运一块冰山回来，融化成纯净的极地冰水，缓解饮用水短缺的压力。电影《西虹市首富》中的段子就来自这里。

阿联酋采用世袭制的君主专制政体，王室和贵族家族掌握了大部分石油资源和财富，通过转移支付补贴普通国民。在阿联酋没有税收概念，生老病死国家全包，结婚时还分地建房。普通国民主动工作的意愿不高，工作真是靠兴趣驱动。阿联酋大部分服务业从业人员都是外籍人士，外籍人口占比近90%，主要来自印度、巴基斯坦等国。

积极的抗争：谋求新发展

石油总有开采完的一天，阿联酋也有这个担忧，阿布扎比和迪拜都在谋求变化。可拓展的领域不多，无外乎金融贸易、与旅游相关的服务业，迪拜的转型已经很成功。整体上阿联酋属于中东比较开放的国家，不像沙特阿拉伯要求女性入境时要戴面纱，阿联酋只有去清真寺参观才有此要求。在阿布扎比还随处可见身穿民族服饰的阿拉伯人，而迪拜感觉跟北京、上海、纽约差不多，就是一个国际化的大都市。迪拜很早就开始全方位、多元化发展，石油产业占GDP比重已经不到5%，20世纪70年代开运河、80年代做贸易、90年代推广观光旅游，目前已经是中东地区的经济金融中心、旅客和货物的主要运输枢纽，旅游经济已成为迪拜的主要经济收入来源之一。由于很开放，迪拜吸引了全球各国人士，华人在迪拜就有十几万人，在阿布扎比才1万~2万人，迪拜的中餐味道明显好于阿布扎比。

金融是最容易发展和国际化的产业，阿布扎比和迪拜自然会着重发展。路演中见到了好多华人，投资管理人不是华人就是欧美人，阿拉伯人却很少，这点我事先没预料到，事后想想很合理。阿联酋在1966年发现石油以前是很贫穷落后的国家，原来荒芜的沙漠一下子变成了富庶的油田，使这个国家的经济发生了巨大的变化。有了钱以后，财富的保值、增值很重要，《21世纪资本论》总结过300多年的数据，投资回报率平均每年为4%~5%，而GDP平均每年增长1%~2%。有钱人重视投资，他们花高薪聘请更专业的人士，这样效率更高。这些专业人士都是十年以上、经验丰富的基金经理，他们对中国内地市场关心的问题跟欧美、港台的QFII差异不大，如中美关系如何演绎及影响、中国政策是否真出现拐点及效果如何、人民币汇率走势等。

感悟：平安是福

阿联酋是中东最和平、最安全的国家之一，但这次出行前家人叮嘱最多的仍是注意安全，毕竟中东给人的第一印象总是动荡、乱世。去中东前我特意看了几本关于中东的书，《耶路撒冷三千年》《穿越中东》《阿拉伯的劳伦斯》，中东太复杂了，宗教、民族、国家各种矛盾错综复杂。犹太教、基督教、伊斯兰教的纠纷前后历经3000年，而国家间的巴以冲突、两伊战争亦是中东的两大烂疮。各类矛盾集中在过去100年爆发，百年前这里还是奥斯曼帝国，第一次世界大战后帝国散落成碎片，乱局开始，碎片式的小国开启了百年的颠簸。这背后有历史积蓄的矛盾，更有新的利益纷争。问题也出在石油上，中东石油储备占全球一半以上，中东是充满阴谋的世界正是因为中东地下布满了石油。

大学毕业时一位老师临别时送给我们的一句话是"平安是福"，年轻的时候体会不到这句话的深意，随着年龄的增长越发感受到平安、健康有多重要。佛学认为：平安即是福。纵然大富大贵，在无常面前，一切也不过是梦幻泡影。或许你也曾渴望生活跌宕起伏，历尽坎坷磨难，你却又渴望岁月静好，现世安稳。有多少福德就承受多大福报，人生不要有太多非分之想，有些你不该得到的就算侥幸得到也只是徒增一分危险。诸恶莫做，众善奉行，最好的日子不过是一份安心而已。资产管理行业正是管理欲望的行业，高收益和安全性始终需要平衡。很多时候需要放弃一定的收益才能保证安全性，虽然看起来是眼前的舍，但稳定的复合收益最终将收获未来的得。

余生很长，愿你我都不慌张。

(原文写于2018年12月1日，略有修改)

外资在做选择题：中国台湾路演随想

上周我在台湾路演，这是我第五次到台湾，来台湾路演最深的感受是，台湾投资者对A股的黏性明显比其他区域更强，这可能源于台湾人与大陆人同根同源，更容易产生共鸣。

相比其他外资，台湾投资者与大陆投资者更接近

今年我在境外路演了6次，年内还有2次行程计划，而往年一年境外路演也就4次左右，这说明外资的重要性上升。对比这6次路演，到台湾路演最深的感受是，台湾投资者与大陆投资者对A股的看法最接近。他们关于A股市场关心的问题与大陆投资者没什么差异，比如国退民进会不会影响市场的估值，房地产行业未来的政策会不会放松，这次减税还有多大空间，中小企业融资难的问题是否会彻底扭转，中美贸易战如何演绎等，务虚一点的也有对国运的担忧，这一点欧美投资者涉及的就少。比较有意思的是，对比今年6次境外路演，我的基本感受是，境外投资者对A股的乐观程度与地理距离成反比，以中国大陆为中心向外扩散，到中国香港、中国台湾地区，再到日本、韩国，然后是欧美国家，越远的区域反而越乐

观。这可能就是距离产生美吧，中国投资者拿放大镜看 A 股，容易挑毛病，看到的都是脸上的雀斑，而离得远的欧美投资者，看 A 股模糊一点，反而看出了身材的优美。

台湾居民配置 A 股的意愿很强

2016～2017 年 A 股出现了蓝筹股的结构性行情，今年年初 A 股继续火热，跟大陆一样，台湾投资 A 股的基金卖得很好，但很遗憾，最终今年 A 股走熊，许多台湾基民都套住了。尽管如此，目前投资 A 股的基金在台湾还是比投资台湾本地股的基金卖得好，说到底台湾投资者有资产荒，A 股仍是他们的较优选择。台湾居民存款大约为 33 万亿元新台币，台湾人口有 2200 万，人均存款折算一下大概是 31 万元人民币，大陆居民存款 70 万亿元人民币，人口接近 14 亿，人均存款只有 5 万元人民币。看平均值，台湾居民比大陆居民更富裕，因此资产配置的需求更强烈。

从居民资产配置结构看，美国居民资产配置中的股票资产占比 32%，中国台湾为 18%，中国大陆只有 3%。中国台湾居民的股票资产配置比例更接近美国，这与他们的富裕程度有关。而且，台湾 1 年期存款利率只有 1%，货币基金收益率只有 0.6%，股票资产是较优的选择。而台湾自身的股市规模太小，2018 年台湾股市日均成交额只有 250 亿元人民币，而 A 股有 2500 亿元人民币，台湾股市的成交额只有 A 股的 1/10。而且中国台湾股市的市值结构比较单一，科技股的市值占比高达 50%，远超美股的 25% 和 A 股的 11%，消费类占比只有 10%，远低于美股的 34% 和 A 股的 23%。对于台湾居民来说，资产配置首选是 A 股，他们有很多朋友、家人都在大陆，他们和我们同根同源，因此 A 股是他们最熟悉的市场。

以选择题的眼光看，A股更美

对比境外路演和境内路演，我的感受是，内外资投资A股的视角确实是不一样的。外资看A股是在做选择题，它们做全球资产配置，把A股跟其他市场做比较，发现A股较好；而内资看A股是在做是非题，拿放大镜看市场，总觉得各种因素在变差。从全球资产配置的选择题角度看，A股还是很有吸引力的。目前A股的证券化率只有57%，算上境外中资股也只有72%，远低于美国的147%、中国台湾的169%，还有很大发展空间。从估值来看，对比全球，万得全A目前PE（TTM）为13.7倍，标普500指数为18.7倍，中国台湾加权指数为13.9倍，富时100指数为39.0倍，日经225指数为25.3倍，A股估值很低。⊖

实际上，过去十年中国大陆GDP年化复合增速为12%，远超美国的3%、中国台湾的3.4%、英国的3.3%和日本的0.26%。和同为新兴市场的印度股市相比，2017年孟买SENSEX指数净利润增速为16.2%，PE（TTM）为27倍，对应PEG为1.7倍；全部A股2017年净利润增速为18%，按目前全部A股PE为13.7倍计算，目前A股PEG为0.76倍，盈利估值匹配度明显优于印度。近几年A股对外开放的步伐也在不断加快。A股从2003年启动QFII制度后开始引入外资，此后2011年推出RQFII制度，2014年11月证监会推出沪港通，随后又在2016年12月推出深港通，并在2018年6月被正式纳入MSCI。2018年9月全球第二大指数公司富时罗素也宣布将中国A股纳入其指

⊖ 以上为2018年11月数据。

数体系，而 MSCI 还宣布将提高 A 股在 MSCI 指数中的权重，外资增配 A 股的趋势在强化。

（原文写于 2018 年 11 月 14 日，略有修改）

你相信什么就会看见什么：北欧及韩国路演随想

最近我又去境外路演了，7 月 15～19 日在韩国路演，6 月 24～30 日在北欧（瑞典、芬兰、法国）路演，加上 5 月英国、4 月中国香港的路演，前 7 个月已在境外路演四次了，往年全年也就三四次。境外路演变多源于外资规模快速增长，今年上半年陆港通北上资金累计净流入 1658 亿元，2017 年全年 1998 亿元。从外资持股看，RQFII、QFII 和陆港通北上资金持有 A 股市值 1.2 万亿元，占全部 A 股自由流通市值的比重从 2015 年底的 3.0% 提升至 6% 左右，而国内公募占比也才 8.4%。

文明的不同是最大的差异

这是我第一次到瑞典和芬兰路演，到法国是第二次，到韩国是第四次，这几趟路演时间比较近，对比感很强烈。北欧国家是典型的高福利、高民主国家，韩国跟中国很近，儒家文化更明显。去北欧之前，我对北欧的印象是农夫、山泉、有点田，风光很美，人很幸福，芬兰还是圣诞老人的故乡呢。到了后发现芬兰和瑞典的空气非常干净，天很蓝，云很白，大街上人们都很悠闲、安然，随处可见各种鸟，风轻云淡的感觉确实很舒服。他们的福利实在是好，每年近四十天假期，教育和医疗完全免费。似乎北欧是幸福生活的天堂，然而现实并没那么美好。实际上，北欧的自杀率极高，尤其是芬兰，一直处于全球前列，2009 年自杀率达 19.3 例/10 万人。瑞典、芬兰多数地区在北纬 60～70 度之间，导致极昼极夜的时间很长，我们去的时候正好是夏天，晚上 11 点天才黑，凌晨两点天就亮了。而到冬天则转为极夜，上午九十点天才亮，下午两三点又进入黑夜，漫长的黑夜导致患抑郁症的比例很高，为此芬兰鼓励发展博彩业，并且规定胜率不能低于 30%。

瑞典和芬兰是民主国家、女权国家，瑞典议会中女性议员的比例为 44%，远高于欧洲国家平均水平的 28%。不过，民主也有些问题，我在瑞典听到两个小故事。一个中国人移民到瑞典，一天晚上教育 3 岁小孩时说了句"再不听话把你吊起来打"，这在中国太平常不过了。然而第二天幼儿园老师问小朋友在家有没被父母打骂，这个小孩把爸爸的这句话告诉了老师，结果当天小孩就被政府接管了，之后经历了 3 个多月的官司，在小孩明确表达愿意跟父母一起生活后，小孩才被接回家。另一个故事是，有一年冬天，瑞典的哥德堡（有点类似于中国的上海）城内的约塔河结了很厚的冰，一位市民在河面的冰上刻了一个很大的不雅图形，政府觉得太不雅观了，让清洁工抹掉了。结果市民们不干了，说这是他们的权利。电视里面整整吵了一周，最后政府妥协了，在一块大草地上修剪出一个同等比例的图形，这在中国是不可想象的事情。

在韩国的感受完全不同，无论是饮食还是文化，跟中国都很接近。上次到韩国路演是 2015 年底的事情了，这次去正好赶上三伏天，他们还保留了三伏天进补的传统，这天要喝鸡汤。受儒家文化影响，韩国人很注重礼仪，握手时左手托着右胳膊肘以示尊敬，吃饭敬酒时要站起来转身去喝。东西方真正的差异是文明的不同，正如亨廷顿的《文明的冲突与世界秩序的重建》所写的，文明的冲突才是全球化过程中差异和矛盾的本质。

外资最关心外向型的问题

在这两次境外路演过程中，外资机构最关心的是中美贸易战、人民币汇率，都是偏外向型的问题。中美贸易战的进展也出乎它们的意料。5月在英国路演时，正好是中美双方贸易代表谈判的时候，大家都不是很担心。随着6月15日中美贸易战升级，之后这一问题几乎每场都会被提及。交流下来外资也普遍认同中美贸易战的背后是两个经济大国的战略竞争，这就意味着短期很难得到根本性解决，中美贸易战是中期变量。说到底，中美的冲突是文明的冲突，是儒家文明和基督教文明的冲突，未来印度文明和伊斯兰文明会否交错进来，形势会否更复杂，都不好说，只能继续关注并希望能有更好的、文明的对话。

人民币汇率6月以来快速贬值，外资非常关心，毕竟这会影响到它们的收益。虽然外资可以通过套汇保值对冲汇率波动风险，但套汇保值也有成本。外资普遍认为这次人民币贬值与中美贸易战有关，我们测算过，如果美国对中国出口的5000亿美元全部征税，人民币贬值2.5%基本就能对冲。交流后的感受是，只要人民币汇率不持续大幅贬值，对外资投资A股行为的影响就不大。过去两年有几次人民币短期明显贬值，如2016年6月和11月、2017年9月、2018年6月，这几次陆港通北上资金分别净流入24亿、51亿、208亿、325亿元。

相比北欧，韩国离中国更近，而且很多投资A股的机构都有华人员工，因此投资风格与A股中国投资者更接近，对中国去杠杆很关心。BIS数据显示2017年我国整体杠杆率为255.7%，低于日本的373.1%、英国的283.3%、欧元区的258.3%，与美国的251.2%接近。从总量上看我国杠杆率不算高，但结构性问题显著，非金融企业部门杠杆率明显偏高，我国为160.3%，日本为103.4%，欧元区为101.6%，英国为83.8%，美国为73.5%。韩国投资者还很关心中国人到韩国旅游购物的情况，在路演中问我们会否去买化妆品。原来萨德事件后韩国化妆品受到重创，生产雪花秀、Hera、IOPE等知名化妆品的Amorepacific公司股价最大跌幅达47%。

思考：你相信什么就会看见什么

比较有意思的是，北欧的福利很好，自杀率却很高；韩国的工作强度类似于甚至高于中国，但大家还是很积极努力地工作生活。韩国证券市场竞争很激烈，散户交易佣金费率基本降为0%了，买方一般早上8点上班，晚上六七点下班，卖方早上7点上班，晚上八九点下班。韩国教育拼得也非常厉害，跟上海、北京差不多，也有学区房概念。过去一两年首尔房价平均上涨了30%，核心地区上涨了50%，主要源于之前5年没涨，而货币一直偏松，贷款利率在3%左右。文化不同，信仰不同，行为差异很大。

股市投资也如此，今年4月到6月上旬，上证综指几次下探至3000点附近但一直未破，当时比较大的共识是3000点是个底，外资一直在买入。现在回头看3000点买入是对还是错？对于两三个月的短线资金来说，买错了，亏钱了。但是，对于长线资金来说，可能是对的。外资机构投资A股通常考核期限较长，3年甚至5年，而且是自上而下的配置思路，从全球资产配置角度出发，投MSCI发达市场还是投新兴市场是一道选择题，目前增配新兴市场的趋势未变。在新兴市场里，A股是较好的选择，一方面A股纳入了MSCI，另一方面A股的估值盈利匹配度不错。

由此，我思考：交易没有简单的对错，要看背后的逻辑，看资金属性。市场本身很复杂，由于市场中的信息不可能被完全收集，且不同的人对同一信息的反应也不同，市场不可能被完全认知，只能无限接近，基本面分析（价值、成长）、技术面分析都是认识市场的角度。找到适合自己的方法，并坚持信仰，相信什么就会看见什么。信仰是桥上的栏杆，走过的时候不用扶，可是没有它会害怕。在往返韩国的飞机上读了《跳着踢踏舞去上班》，这是一本关于巴菲特的书，巴菲特说"我跳着踢踏舞去上班"，这是多美好的工作状态啊。虽然巴菲特曾多次被质疑，但是他坚持做自己擅长的事，投自己看得懂的公司，最终取得了非凡的业绩，他的成功和快乐源于懂取舍。投资是一场修行，做最好的自己，此心光明，内圣外王。

（原文写于 2018 年 7 月 23 日，略有修改）

勤奋终有好运：新加坡路演随想

上周我到新加坡路演，这是我第四次来新加坡，上次是三年前了。记忆中新加坡是亚太地区债权投资中心，投资 A 股的机构很少，到新加坡后发现路演排得很满，陆港通确实为 A 股带来了境外活水。

新加坡的成功值得我们深思

每次到新加坡，最深切的感受就是，这真是个袖珍型国家：出门打个车，在车上手机还没捂热就到目的地了，从最东边的樟宜机场到最西边也不过两个小时车程。新加坡国土面积只有 714 平方公里，比中国任何一个省都小，总人口 530 多万，还不到上海的 1/4。新加坡 1965 年才建国，刚建国时面临着没有军队、没有水源和即将失去英军军事基地这一主要经济来源的困境。而现在，新加坡的各项重要指标均居世界前列，2016 年人均 GDP 全球排名第 6，全球竞争力指数排名第 2，清廉指数第 7，全球创新指数第 6，新加坡国立大学与南洋理工大学分别在 2017 年 QS 世界大学排名上位列第 15 和第 11，新加坡人均寿命全球排名第 3，健康指数第 2，全球宜居城市指数第 7。这个华人占大多数的"弹丸小国"在困难重重的情况下最终实现了经济飞跃，真值得我们深思。

新加坡没有什么自然资源，可谓没有"地利"，英国殖民者也没留下什么工业基础，可谓没有"天时"，能依赖的只有"人和"。新加坡的发展很大程度上要归功于李光耀领导的政府,他在执政的几十年里,发展工业,引入外资,廉政建设、中央公积金制度、公共房屋建设这些讲求实用的政策都起到了很好的效果。华人在新加坡占大多数,他们的祖先是当年下南洋的中国人,相比到东洋的革命青年、到西洋的知识青年,下南洋的大多是社会底层的贫困大众,大概勤劳的基因就是那时传下来的。几十年直面全球竞争的市场经济,结合崇尚勤奋的儒家文化,让新加坡人在磨砺中成长。一个新加坡人小学四年级就要面对失去上大学机会的"小四分流"考试,之后还会有一波又一波的分流考试,残酷的淘汰教育体制带来新加坡人极强的竞争精神和拼搏精神。

伟大的时代必有波澜壮阔的牛市

路演接触的机构投资者基本都是投资亚太市场的基金,整体上它们对A股仍是低配,明显偏好白马股,尤其是白酒、家电,金融中相对看好保险,基本不买周期股,科技股直接买BAT。消费龙头白马是它们的真爱,从全球角度对比,很难找到盈利能力和竞争力这么强的公司,虽然这类公司的股价累计涨幅很可观了,但卖掉它们买什么呢?相比而言,这些基金配置偏向中国香港股市、印度股市。印度股市今年确实表现不错,前段时间国内投资圈流传了一张图:印度50指数20年涨了10倍。

其实,放在历史长河中看,这点涨幅不算啥。任何一个国家由小变大、由大变强的过程都会出现两波大牛市。美国第二次世界大战后有两次大牛市,1942~1968年标普500涨幅超13倍,1982~2000年标普500涨幅超14倍。追赶型国家日本、新加坡同样如此。日本1950~1961年经济从一片废墟中发展起来,排名快速回升至世界第4位,经济由小变大,日经225涨了13倍;1967~1989年经济由大变强,GDP排名稳居世界第2位,人均GDP排名从世界第26位上升至第8位,日经225涨了25倍。新加坡在 1965～1997 年的迅速追赶过程中，GDP 全球排名从第 60 位上升至第 40 位，MSCI 新加坡指数从 1970 年开始编制的 100 点涨至最高点 1361 点，涨了 12.6 倍。

勤奋终有好运

回顾 A 股历史与中国经济由小变大的过程，我们的市场涨幅更惊人。GDP 排名从 1990 年全球第 11 位到 2009 年第 2 位，上证指数由 1990 年的 100 点最高涨到了 2007 年的 6124 点，上涨超 60 倍。如今中国已是全球第二大经济体，经济体量已经足够大，但人均 GDP 排名仅为世界第 69 位。未来中国由大变强的时期，一定会出现大牛市。长周期看，上证综指 1849 点、创业板指 585 点可能是个告别过去、走向未来的新起点，告别粗放的、追求速度的、要素驱动的增长，走向高效的、追求质量的、创新驱动的增长。当然过程会反复，螺旋式发展，1990 年上证综指从 100 点涨到 1993 年的 1558 点，曾经下跌到 325 点，之后出现 1996～2001 年、2005～2007 年两次牛市，直到 6124 点。

最近几年随着陆港通开通，境外路演更频繁，每次到境外走一圈对祖国就多一分信心。勤奋、聪明、进取的人民，13.7 亿人口的统一大市场，这些是任何国家都不具备的优势。新加坡出差前后，看完了十集《将改革进行到底》，道路自信、文化自信，办法总比困难多，我们有解决难题的智慧。虽然外资对中国经济没有去年悲观，但仍有各种担忧，国内也有一些经济学家常常提到各种危机。这些担忧通常源于以西方经济学理论分析中国，推断出债务危机、房价下跌、汇率贬值等。经济学是一门社会科学，是对社会现象归纳总结提炼得出的理论概括，当前的经济学开始于亚当·斯密的《国富论》，起源于英国，发展壮大于美国，可以称为西方经济学。英国人口 6600 万，美国 3.3 亿，加总占全球总人口的 6% 左右，而中国人口占比近20%，再加上政治体制不同，经济规律会完全一样吗？只有西医的开刀动手术，就没有中医的调理治疗吗？新加坡路演的时候，正是《战狼2》最火热上映的时候，创历史新高的票房蕴含着很多，有"犯我中华者，虽远必诛"的爱国情怀，有吴京22年勤奋敬业的精神。相信勤奋终有好运！

（原文写于2017年8月10日，略有修改）

别人家的孩子：美国路演随想

上周我在美国路演，恰逢特朗普上任不久美股不断创新高，我带着中国人普遍存在的疑问"美股为何这么强"来到了美国。在交流中发现美国投资者对A股很有兴趣，但同样充满疑惑：A股为何这么贵？这种对比的感觉，很像儿时经常听到的父母的念叨：你看别人家的孩子……

中国人眼中的美股：为何这么强？

近日美国三大股指接连创历史新高，远超市场预期。2014年起美联储加息预期升温，2015~2017年每年年初都听到周围一批人预判美股即将见顶走熊，但美股却继续任性走牛。迄今为止，本轮美股牛市已持续8年之久，这让经历过三轮股灾的A股投资者满是羡慕嫉妒恨。我出国前被问到的最多问题之一就是：美股为何这么强？

美股本轮牛市始于货币宽松，2008年11月起美联储启动三轮QE，大放水推高估值，宽松货币政策助力经济复苏，基本面改善接力驱动美股走强。但现在美国已经退出QE了，唱空美股的言论也是在2015年12月加息的"靴子"落地后更盛行的。现在美股走强到底靠什么呢？回顾美股走势，2015年三大指数小阴或小阳，基本走平，可见当时在加息预期下QE

的推动力已经消退，而 2016 年中阳线涨幅主要是 11 月 9 日特朗普大选获胜后的 2 个月贡献的，可以把这次的新高定义为"特朗普行情"，巴菲特当时甚至称美股还要再涨 30 年。

路演交流中，美国投资者也表示美股的表现超出之前的预期，不过"特朗普行情"有内在的合理性，背后有基本面改善的预期。最开始行情受益于特朗普 1 万亿美元基建投资计划，近期行情主要受特朗普减税计划催化，特朗普宣称将企业所得税率从 35% 降至 15%，减税将直接让利企业，改善业绩。

美国人眼中的 A 股：为何这么贵？

自 2009 年 3 月以来，美股长牛已走了 8 个年头，趋势性行情还能延续多久尚未可知，美股投资者纷纷把目光投向海外，中国市场是重点关注对象。但是，美国新兴市场基金、亚太基金、大中华基金对 A 股的实际投资较少，配置的主要是港股，道理很简单，AH 价差明摆着。它们很疑惑的是，为何沪港通、深港通都开通了，AH 溢价仍然存在？这是我在路演中被问到的最多问题之一。

沪港通开通前恒生 AH 溢价指数为 102 点，现在为 119 点，AH 溢价一直存在，甚至还扩大了，这确实是个问题。我认为，这源于两方面：一是两个市场制度环境不同决定了供求关系不同。A 股发行实行核准制，股票发行数量受限，但资金入市没有限制，资金的潜在力量大于股票。而港股发行实行注册制，当上市申请取得港交所批准及香港证监会发布的"不反对有关上市申请"的通知后，申请人即可获得注册，发行门槛不高，资金和股票的潜在力量没有偏差。二是两地投资者结构不同。A 股自由流通市值中散户持股 48%，RQFII、QFII 持股仅 2.2%，散户交易占比近 85%，外资对 A 股的影响很小，风险偏好高的散户对 A 股影响很大。港股成交额中散户占比仅 20% 左右，由沪港通和深港通投资港股的成交额占比仅 2.2%，南下资金对港股的影响力有限。两个市场虽然有了互通，定价仍相对独立。

思考：认识市场，尊重市场

习惯了 A 股的大起大落总会疑惑于美股的慢牛，习惯了美股的估值水位总会惊诧于 A 股的高 PE。存在即合理，两个市场都有自身的特性和内在规律，无所谓好坏、优劣。A 股和美股只是正处于不同的历史阶段，A 股好比 20 岁左右的青少年，美股如同 40 岁左右的中年人。美股甚至可以对 A 股说："我回首从前，曾经是莽撞少年，曾经度日如年。"从投资者结构看，当前 A 股类似于 20 世纪 70 年代的美股，按照自由流通市值占比，目前 A 股机构投资者占比为 22%，而美国在 1970 年以前机构投资者占比也仅为 20% 左右，目前在 60% 以上。美股在 1929 年也曾经出现过 10 倍杠杆投资的疯狂行为。

对投资而言，认识市场、尊重市场很重要，对于不同的市场采取不同的应对策略，好比与 20 岁和 40 岁的人聊天时的话题甚至语句用词都不同，这样才能更好地共鸣。无论是 A 股还是美股，我就是我，不一样的起落！

（原文写于 2017 年 2 月 21 日，略有修改）

让脚步等待灵魂：欧洲路演随想

"五一"前我去欧洲路演，拜访了伦敦、巴黎、卢森堡的 QFII 和 RQFII 客户，前后 12 天。这是我第一次到欧洲，之前对欧洲经济、人文有一些了解，但真正身处其中时，还是有颇多不一样的感受。

慢节奏的生活是一种选择

4月17日到达伦敦时已是当地时间晚上8点多,由于时差,第二天伦敦时间凌晨4点我就起床了,看了看A股盘面,回复了大量微信、邮件。天亮时,我到酒店外面走了走。走到室外,挺震撼的,天很蓝,空气很好,没有半点想象中"雾都"的影子。放眼望去,整座城市没什么高楼大厦,街上很多人骑自行车上班,心想这跟20世纪90年代的中国城市差不多嘛,我是在发达的资本主义国家吗?之后到卢森堡、巴黎,这种感受同样强烈,空气环境很好,生活节奏很慢甚至单调,商店晚上七八点就关门了,周日不营业,没啥KTV类的娱乐,也就下班了街边酒吧喝一杯然后回家。在中国一线城市生活的人,到欧洲生活估计需要一定的时间适应,闲得慌。看起来慢悠悠,其实他们很富有。过去5年英国GDP同比虽然只有2%左右,法国还不到1%,但人均收入都在4.5万美元左右。卢森堡国土面积相当于中国一个县城,却是世界上最富裕的国家之一,人均GDP连续多年居世界前列。

在增长和环境、工作和生活面前,欧洲人选择了后者。当然,事情一开始并非这样,最早完成工业革命的英国,曾经是世界工厂,工业产量达到全球50%,烟雾缭绕的伦敦被称为"雾都",恶果终究出现了。直到1952年12月5~9日,伦敦连续5天的大"雾"在两个月里造成12 000多人死亡。英国人觉醒了,从此走上了空气污染治理之路,1956年英国颁布《清洁空气法》,第一次以立法形式控制家庭和工厂排放的废气。如今伦敦到处都是公园,满眼都是绿色,空气清新,沁人心脾。在伦敦和巴黎的街道上到处都是百年建筑,很多楼宇都修修补补继续使用,看不到大规模建设。经常跑欧洲的同事说五年不来也不会迷路,建筑物都没变过。

发达的服务业是一个优势

一路拜访客户一路琢磨，英国、法国、卢森堡这么低的GDP增速为何有这么高的收入？关键还是产业结构，高附加值产业占比高提升了增长质量，英国、法国服务业占GDP比重接近80%，卢森堡高达88%，而中国经过过去几年的快速提升也只有58%。这三个国家的金融业都很发达，欧洲投资者与美洲投资者类似，对中国经济和股市的熟悉程度不如亚洲投资者，关心的问题集中在债务违约、汇率贬值、供给侧改革、房地产量价等方面。

英国最大的优势是金融业，伦敦是世界著名金融中心，是世界最大的外汇交易市场、最大的有色金属交易市场、最大的衍生品交易市场，拥有数量最多的外国银行分支机构或办事处。伦敦的外汇交易量全球占比为40%左右，伦敦金属交易所（LME）全球市占率高达76%。伦敦市场不像纽约市场和东京市场主要从事与美元和日元相关的金融交易，伦敦市场主要交易的是离岸货币和以离岸货币计价的金融产品和金融衍生产品，因此是最大的衍生品交易市场。伦敦证券交易所相对小一点，全球交易所股票市值规模排第五（占6.5%）、交易额排第八（占2%）。上交所市值规模排第四（占6.9%）、交易额排第一（占17.7%），深交所分别为第六（占5.3%）、第二（占15.7%）。沪深两市市值规模占比、交易额占比合计分别为12.2%、34.4%，可见换手率多惊人。

法国的旅游业非常发达，是世界第一大旅游接待国，每年接待外国游客超过8000万人，而法国总人口也就6600多万，旅游产业对GDP的贡献率超过7%，是支柱产业之一。到法国旅游的中国人每年达200万人次，占比2.5%，中国游客在法国人均消费1071欧元。周末在巴黎时，去著名的巴黎春天、老佛爷逛了下，里面随处可见中国人，很多柜台都有会讲中文的服务员。中午走出商店时，听到门口一个黑人保安跟一个中国服务员打招呼："吃了吗？"我和同事都很诧异，这是在上海的八佰伴吗？

卢森堡是一个弹丸小国，人口不过 55 万，却是世界最重要的金融中心之一、全球仅次于美国的第二大基金管理中心。金融业是卢森堡的第一大支柱产业，占国内生产总值的 25%。在卢森堡的共同基金和专业投资基金总资产达到 3.6 万亿欧元，金融机构管理的基金总数为 3878 只。这得益于它在金融方面下的功夫：一是创建避税地，二是为客户严守秘密。卢森堡是全球规格最高的三大免税港之一（另两个是新加坡和日内瓦）。

思考：让脚步慢一点，等一等灵魂

在欧洲的另一个深刻感受是宗教文化深厚，最主要的宗教是基督教。很有艺术风范的教堂很多，巴黎 20 个区，每个区都有教堂，最知名的是巴黎圣母院，建设就历时 180 多年。英国国家统计局 2012 年底发布的统计结果显示，英国总人口为 6320 万，其中基督徒 3320 万，占比 59.3%，有 1410 万人宣称自己没有宗教信仰，占比 25.1%。法国最权威的民意调查机构 Ifop 统计显示，截至 2012 年法国总人口为 6559 万，其中基督徒为 4263 万人，占比 65%，有 1640 万无信仰者，占比 25%。2012 年欧盟发布的欧洲民意观测报告显示，卢森堡居民有 85% 信奉天主教，人数为 43.35 万，13% 信奉其他宗教，2% 的人宣称无信仰。北京大学中国社会科学调查中心执行的"中国家庭追踪调查"项目组调查结果显示，中国宗教信仰人数不到 2 亿。

不知道欧洲人慢节奏的生活是否与宗教信仰有关，但可以肯定的是，当下的中国人生活在焦虑中。因为曾经落后、挨打、饥寒交迫，我们太需要给自己一点安全感了,于是在情不自禁、你追我赶中加快了前进的脚步,并越来越快。现在,快似乎成了习惯,成了理所当然。古印第安人有句古语:"别走得太快,等一等灵魂。"中国经济需要慢一点,中国股市也需要慢一点,时至今日,效益比速度更重要。

(原文写于2016年5月7日,略有修改)

| 后记 |

成为更好的自己

感谢您读完了这本书，文字上的相遇是一种缘分。这本书是我从事证券市场研究的阶段性总结，写作时恰逢不惑之年，这是个挺特殊的年龄，生命旅程处于中间阶段，我们会不自觉地停下来思考。

看看来时的路，一路艰辛拼搏，终于有了一定的积淀，放慢脚步、降低要求，是一种选择。眺望远方，日子还长，孤鹰褪羽、飞得更高，是另一种选择。

准备书稿期间，二宝正好出生。在等待他出生的日子里，我和太太时不时翻出大宝幼时的照片，有些照片我数年未见，对照片背景的记忆已经模糊了。由于工作繁忙，我陪大宝的时间不多，错过了很多他成长的精彩瞬间。

看着老照片我有点愧疚地思考，他成长路上我给他带来了什么？聊以自慰的是，我们一起经历了打拼的岁月。为人父，我是第一次，我一直在学习如何做好一名父亲。大宝的成长期正好是我事业起步发展的阶段，我一边拼搏，一边跟他讲我的梦想、我的追求、我的计划、我的坚持，也鼓励他树立目标，激励他实现，于是我们一起成长。

我相信，大宝看到我事业上的一些成绩，回顾他自己取得的一些成绩，应该已经有所感悟——幸福是奋斗出来的。

　　面对新的生命，面对新的人生旅程，我只有一种选择。新的起点，新的开始，我必须再次出发。感谢二宝给我力量，我非常期待有新伙伴同行的未来之路。

　　希望下次相见时，我们都成为更好的自己。

2021 年春书于上海

推荐阅读

序号	书号	书名	序号	书号	书名
1	30250	江恩华尔街45年（珍藏版）	42	41880	超级强势股：如何投资小盘价值成长股
2	30248	如何从商品期货贸易中获利（珍藏版）	43	39516	股市获利倍增术（珍藏版）
3	30247	漫步华尔街（原书第9版）（珍藏版）	44	40302	投资交易心理分析
4	30244	股市晴雨表（珍藏版）	45	40430	短线交易秘诀（原书第2版）
5	30251	以交易为生（珍藏版）	46	41001	有效资产管理
6	30246	专业投机原理（珍藏版）	47	38073	股票大作手利弗莫尔回忆录
7	30242	与天为敌：风险探索传奇（珍藏版）	48	38542	股票大作手利弗莫尔谈如何操盘
8	30243	投机与骗局（珍藏版）	49	41474	逆向投资策略
9	30245	客户的游艇在哪里（珍藏版）	50	42022	外汇交易的10堂必修课
10	30249	彼得·林奇的成功投资（珍藏版）	51	41935	对冲基金奇才：常胜交易员的秘籍
11	30252	战胜华尔街（珍藏版）	52	42615	股票投资的24堂必修课
12	30604	投资新革命（珍藏版）	53	42750	投资在第二个失去的十年
13	30632	投资者的未来（珍藏版）	54	44059	期权入门与精通（原书第2版）
14	30633	超级金钱（珍藏版）	55	43956	以交易为生II：卖出的艺术
15	30630	华尔街50年（珍藏版）	56	43501	投资心理学（原书第5版）
16	30631	短线交易秘诀（珍藏版）	57	44062	马丁·惠特曼的价值投资方法：回归基本面
17	30629	股市心理博弈（原书第2版）（珍藏版）	58	44156	巴菲特的投资组合（珍藏版）
18	30835	赢得输家的游戏（原书第5版）	59	44711	黄金屋：宏观对冲基金顶尖交易者的掘金之道
19	30978	恐慌与机会	60	45046	蜡烛图精解（原书第3版）
20	30606	股市趋势技术分析（原书第9版）（珍藏版）	61	45030	投资策略实战分析
21	31016	艾略特波浪理论:市场行为的关键（珍藏版）	62	44995	走进我的交易室
22	31377	解读华尔街（原书第5版）	63	46567	证券混沌操作法
23	30635	蜡烛图方法：从入门到精通（珍藏版）	64	47508	驾驭交易（原书第2版）
24	29194	期权投资策略（原书第4版）	65	47906	赢得输家的游戏
25	30628	通向财务自由之路（珍藏版）	66	48513	简易期权
26	32473	向最伟大的股票作手学习	67	48693	跨市场交易策略
27	32872	向格雷厄姆学思考，向巴菲特学投资	68	48840	股市长线法宝
28	33175	艾略特名著集（珍藏版）	69	49259	实证技术分析
29	35212	技术分析（原书第4版）	70	49716	金融怪杰：华尔街的顶级交易员
30	28405	彼得·林奇教你理财	71	49893	现代证券分析
31	29374	笑傲股市（原书第4版）	72	52433	缺口技术分析：让缺口变为股票的盈利
32	30024	安东尼·波顿的成功投资	73	52601	技术分析（原书第5版）
33	35411	日本蜡烛图技术新解	74	54332	择时与选股
34	35651	麦克米伦谈期权（珍藏版）	75	54670	交易择时技术分析：RSI、波浪理论、斐波纳契预测及复合指标的综合运用（原书第2版）
35	35883	股市长线法宝（原书第4版）（珍藏版）	76	55569	机械式交易系统：原理、构建与实战
36	37812	漫步华尔街（原书第10版）	77	55876	技术分析与股市盈利预测：技术分析科学之父沙巴克经典教程
37	38436	约翰·聂夫的成功投资（珍藏版）	78	57133	憨夺型投资者
38	38520	经典技术分析（上册）	79	57116	高胜算操盘：成功交易员完全教程
39	38519	经典技术分析（下册）	80	57535	哈利·布朗的永久投资组合：无惧市场波动的不败投资法
40	38433	在股市大崩溃前抛出的人：巴鲁克自传（珍藏版）	81	57801	华尔街之舞：图解金融市场的周期与趋势
41	38839	投资思想史			